2ª edição

Os Ideais da Teosofia

Annie Besant

Os Ideais da Teosofia

Annie Besant

Tradução
Fernando Pessoa

Tradução dos Apêndices
Astrid Lindemann
Ricardo Lindemann

EDITORA TEOSÓFICA
Brasília-DF

Título do original
Os Ideaes da Theosophia
Livraria Clássica Editora
Lisboa, Portugal, 1915.

SIG – Quadra 6 – Lote 1.235,
CEP 70.610-460 – Brasília-DF.
Tel.: (61) 3322-7843

B554 Annie Besant

Os Ideais da Teosofia

Brasília, 2018, 2ª ed.

ISBN 85-85961-65-1

CDD 212

Capa:
Marcelo Ramos
Diagramação:
Reginaldo Carrilho Mesquita
Revisão Editorial:
Astrid Lindemann
Ricardo Lindemann
Zeneida Cereja da Silva

Sumário

Prefácio da Edição Brasileira

A Dra. Annie Besant (Londres 1847 – Madras 1933) foi a 2ª Presidente Internacional da Sociedade Teosófica, sucessora escolhida e treinada pela Sra. Helena P. Blavatsky e tutora do Sr. Jiddu Krishnamurti.

Considerando sua obra *Os Ideais da Teosofia,* parece oportuno citar a própria autora a respeito da importância dos ideais: "Por que um ideal é necessário? O *Chandogyopanishad* diz que o homem é uma criatura de reflexão. Naquilo que ele reflete ele se transforma. Então vós deveis ter um ideal para refletir dia após dia. Um ideal que não é vivido torna-se um ídolo que frequentemente é mais um obstáculo do que uma ajuda".[1]

É, portanto, importante enfatizar que o idealismo da Dra. Besant não foi meramente teórico, pois ela correu riscos pelos seus ideais, como se pode exemplificar citando Chandler:

"Annie Besant encorajou a consciência nacional indiana ao denunciar distinções de castas e divisões, opondo-se ao casamento de crianças e encorajando a educação. Ela recomendou o governo autônomo sob direção inglesa na transição da condição colonial para estado independente.

No outono de 1913, ela apresentou uma série de oito palestras, *Wake Up, India* (Desperte, Índia), nas quais denunciou as animosidades que separaram a Índia em grupos hostis, promoveu a reforma do sistema de castas e aboliu o casamento de crianças, defendeu os direitos das mulheres, e recomendou reviver a autonomia de governo do conselho de vila. Fundou o jornal semanal *Commonweal* (O Bem-Estar Público) e comprou um jornal diário moribundo de Madras,

---

[1] LAL, Shashi Bhushan. (Compilador) *Inspiring Thoughts of Dr. Annie Besant*, Varanasi, *The Theosophical Society, 1995, p. 23.*

transformando-o em um novo jornal diário chamado *New India* (Nova Índia). Através destes jornais ela defendeu a autonomia de governo, o fim da discriminação racial e melhores condições de vida. Enquanto ajudava na reconciliação dos membros do Congresso Nacional, Besant trabalhou para estabelecer a *Home Rule League* (Liga do Governo Autônomo) em 1916. Quando o Congresso endossou o princípio de *Home Rule*, seu nome foi mencionado para a presidência.

Besant tornou-se uma rebelde inflexível, assegurando o seu lugar entre os dissidentes e protestantes que incessantemente sacodem, com justa indignação, seus contemporâneos de sua inatividade. No verão de 1917, o Governador de Madras ofereceu a ela uma escolha: salvo-conduto de volta à Inglaterra ou detenção. Ela indignadamente se recusou a voltar para a Inglaterra, preferindo a detenção. Uma imensa multidão chegou a reunir-se, quando ela partiu de Madras para o confinamento. Reuniões de protesto irromperam por toda a Índia. Gandhi propôs que os simpatizantes conduzissem uma peregrinação estendendo-se por mil milhas entre Bombaim e o Bangalô de Besant. Após 49 dias ela foi libertada. Enquanto estava presa, várias delegações provinciais preferiram a ela como Presidente do Congresso Nacional Indiano. A reunião desta histórica assembleia, em dezembro de 1917, foi descrita por Dinnage:

‘Foi a mais ampla reunião realizada até agora. Um grande anfiteatro com assento para cerca de 9.000 pessoas foi especialmente construído; a procissão que se alinhou para a chegada de Annie foi a maior já vista. Bandeiras e grinaldas estavam penduradas ao longo do percurso, bandas tocaram e pétalas de flores caíram em abundância sobre ela’.

A Dama de idade avançada, imponente, de cabeça branca, escolhida para representar toda a Índia, apresentou um admirável discurso perante o trigésimo segundo Congresso Nacional Indiano. Arundale descreveu-o como um dos mais belos documentos produzidos durante sua memorável carreira, uma apresentação pela qual ela poderia desejar ser lembrada. Reconhecendo que a eleição para a presidência era o mais elevado presente que o povo indiano lhe conferira, ela afirmou, quando a seleção presidencial foi feita, que pela primeira vez na história um oficial eleito fora aprisionado como uma pessoa perigosa. Ela foi coroada com honra durante as horas em que foi humilhada."[2]

Este livro consiste de quatro conferências proferidas pela Dra. Annie Besant nos dias 27, 28, 29 e 30 de dezembro de 1911, durante a 36ª Convenção Anual da Sociedade Teosófica, realizada em Benares, Índia. Uma vez que a Sociedade Teosófica trabalha em mais de 60 países sob o princípio da Liberdade de Pensamento[3], a interpretação da autora sobre os Ideais da Teosofia é pessoal[4], não representando necessariamente a voz oficial da Sociedade Teosófica, dado que nela não existe qualquer dogma ou crença obrigatória. O fato de que a autora propunha um sistema de representação que poderíamos pretender denominar de parlamentarismo microdistrital escalonado ou graduado, e que tal proposta inspirou a estrutura de representação do Estatuto da Sociedade Teosófica no Brasil, não deve, portanto, dar qualquer impressão de alinhamento da Sociedade Teosófica com qualquer inclinação ou posicionamento político obrigatório para os seus membros.

A própria Sra. Blavatsky, uma das fundadoras da Sociedade Teosófica, em seu livro *A Chave Para a Teosofia,* comenta a respeito das relações da Sociedade Teosófica com as reformas políticas: "... como uma sociedade, ela não toma parte de qualquer política nacional ou partidária (...) A ação

[2] CHANDLER, Daniel Ross. *Annie Besant – Multifaceted Leader, The Theosophist,* Madras, 1/2000: 23-29, out. 2000, pp. 26-7.

[3] Vide nota 9.

[4] Como afirma a própria autora (vide p. 30).

política deve necessariamente variar com as circunstâncias da época e com as idiossincrasias dos indivíduos. O fato de que, pela própria natureza de suas posições como teósofos, os membros da S.T. concordam em relação aos princípios da Teosofia, ou não pertenceriam à Sociedade, não implica necessariamente que concordem em todos os outros assuntos. Como uma sociedade eles podem agir juntos apenas em assuntos que sejam comuns a todos – isto é, no que se refere à própria Teosofia; como indivíduos, cada um é perfeitamente livre para seguir sua linha particular de pensamento e ação política, contanto que não se choque com os princípios teosóficos ou fira a Sociedade Teosófica".[5]

Dessa forma, a Dra. Annie Besant, enquanto indivíduo, tinha posições muito bem definidas, como se pode observar bem em sua obra *Brahmavidyā,* onde adota e apoia claramente a posição de sua antecessora, a Sra. Blavatsky: "Se o Socialismo vier por uma sublevação de miseráveis, será altamente destrutivo. Contudo, se a mudança na civilização que está para vir for trazida pelo sacrifício e pelo pensamento dos instruídos e dos sensatos, teremos, então, a redenção da humanidade (...) H.P. Blavatsky ensinou o 'Socialismo do Amor', quando os instruídos tentarem partilhar sua instrução com os ignorantes, e os ricos tentarem partilhar seu conforto com os pobres. Vemos indícios do começo desse tempo em relação com alguns dos grandes empregadores de mão-deobra na Inglaterra, atualmente, onde esses empregadores constroem cidades-jardins para seus empregados, e usam uma grande parte de sua riqueza para lhes dar toda sorte de vantagens e divertimentos, construindo clubes, e um teatro grátis, restituindo-lhes, assim, parte do que deles tomaram. A verda-

---

[5] BLAVATSKY, H.P. *A Chave Para a Teosofia,* Brasília, Ed. Teosófica, 1991, p. 203.

de é que a consciência social está começando a despertar. Isso irá aumentando, cada vez mais."[6]

A tradução de Fernando Pessoa, feita em 1915, foi submetida a uma atualização ortográfica e muito raramente alguns termos foram também substituídos para melhor compreensão na linguagem atual. De modo geral o estilo do tradutor foi preservado, bem como sua beleza característica. Aliás, o leitor poderá encontrar referência do grande interesse de Fernando Pessoa pela Teosofia no prefácio do Prof. Murillo Nunes de Azevedo intitulado *Fernando Pessoa – O Teósofo*[7], cuja leitura recomendamos, bem como no artigo de João Alves das Neves, intitulado *A Face Nem Tão Oculta de um Místico,* da revista *TheoSophia*[8], onde se demonstra na obra de Fernando Pessoa a influência da Teosofia, dos ideais liberais e espirituais da Maçonaria, bem como da Astrologia, pois ele chegou a desenhar à mão o mapa astral dos seus heterônimos, cujos fac-símiles estão reproduzidos no próprio artigo.

Esta edição foi também enriquecida com o acréscimo de dois apêndices. O primeiro é um capítulo do livro *The Changing World* (traduzido como *O Mundo de Amanhã*), de autoria da própria Dra. Besant, intitulado *A Fraternidade Aplicada às Condições Sociais.* É a transcrição de uma de suas conferências proferidas em Londres entre maio e julho de 1909, onde ela comenta temas semelhantes aos dos dois primeiros capítulos de *Os Ideais da Teosofia* por um ângulo complementar e mais apropriado a uma audiência ocidental.

O segundo apêndice constitui-se de artigos do Sr. N. Sri Ram, ex-secretário da Dra. Besant e, posteriormente, 5º

---

[6] BESANT, Annie. *Brahmavidyā – Sabedoria Divina.* São Paulo, Pensamento, 1992, p. 102-3.

[7] BLAVATSKY, H.P. *A Voz do Silêncio.* Tradução de Fernando Pessoa. Rio de Janeiro, Civilização Brasileira, 1976, p. ix-xxxviii.

[8] *TheoSophia.* Brasília, Sociedade Teosófica no Brasil, jan-fev-mar. 2000, p. 43-8.

Presidente Internacional da Sociedade Teosófica. Os artigos, publicados no editorial *On The Watch Tower* (Na Torre de Vigia) da revista *The Theosophist* (Órgão oficial internacional da Sociedade Teosófica) entre outubro de 1955 e março de 1966, acrescentam profundas reflexões e comentários sobre a vida da Dra. Besant na Índia e suas consequências na política e história daquele país, porém sob um ponto de vista abrangente e aplicável a quase todos países da atualidade.

Um parágrafo pode assim exemplificar melhor como o Sr. N. Sri Ram, comentando as ideias de sua antecessora, transporta-as para os dias de hoje: "A Dra. Annie Besant (...) delineou em seu *Commonwealth of India Bill* (Projeto da Federação dos Estados Autônomos da Índia) um sistema que teria ampla base em nível de vila (e cidade correspondente) com o direito de sufrágio adulto e uma muito ampla medida de autonomia, e então gradualmente afilando como uma pirâmide através dos níveis do Distrito e Estado(ou Província) para cima até o Governo Central. O direito de voto para os Conselhos nestes níveis mais elevados deveria basear-se em crescentes qualificações mais elevadas de serviço, experiência, educação etc. Se o seu esquema tivesse sido apoiado pelos outros líderes políticos da época, particularmente pelo partido do Congresso, teria sido admissível para o povo da Índia como um todo. O princípio de uma razoável qualificação para o voto e para membro dos Conselhos teria sido firmemente estabelecido". (Vide pp. 134-5).

Pode-se, assim, notar com que clarividência a Dra. Besant propunha um sistema profilático, criticando e antevendo os desastres do chamado "capitalismo selvagem" dos tempos atuais, e da "democracia selvagem", se assim podemos chamá-la, onde os interesses do capital através da propaganda e dos grandes meios de telecomunicações praticamente decidem as eleições de massa com voto direto em enormes distritos eleitorais, e onde milhões de eleitores são obrigados a votar em uns poucos candidatos que nem sempre apresentam as melhores qualificações. Ao contrário, a autora enfatizava a importância do microdistrito, onde todas as pessoas se conhecem, e da necessidade de qualificações progressivas para os candidatos ao governo.

A mensagem da Dra. Besant era de fraternidade e altruísmo, citando novamente suas próprias palavras em *Brahmavidyā:* "Quando comparamos a duração da vida nessas Nações, vemos quanto é desfavorável a comparação. Vejam a duração da vida na Índia, que é de 23,5 anos. Monstruoso! De onde vem uma coisa assim? Da semi-inanição. Mães desnutridas geram filhos desnutridos, que morrem em seus primeiros anos. A mortalidade infantil na Índia é uma das coisas mais chocantes. O mesmo se dá nos bairros pobres de Londres. E chegou a haver um tempo em que o registro de mortes de crianças era de mais da metade dos nascimentos. Na Nova Zelândia as coisas são melhores. O período médio de vida é de sessenta anos, porque ali há fartura de alimento e de conforto. Ninguém é muito rico e ninguém é muito pobre". (Op. cit., p. 102).

"Diminuamos o nosso individualismo. Ele já foi muito longe. Despertemos nosso senso de dever. Os cultos são responsáveis pela ignorância dos incultos, os ricos são responsáveis pela desorganização do Estado. Precisamos, mais uma vez, construir o Estado como uma organização. As mais das vezes falamos do Estado como se fosse o Governo. Isso é um erro fundamental. O Estado é a Nação inteira, organizada sobre um plano definido, para o aumento da felicidade humana e o desenvolvimento da humana capacidade. Presentemente, pela competição, os governantes têm tentado levar as pessoas a uma espécie de ordem, mas só conseguem anarquia. Não é possível obter ordem quando há uma luta desse tipo. É preciso conseguir o desenvolvimento da criança e das suas qualidades. Podem ler Ruskin a esse respeito, nesse ponto da reorganização de uma Nação. Precisam compreender que o fundamental da riqueza, o essencial da riqueza, não pode ser monopolizado pelos indivíduos". (Op. cit., p. 101).

O quanto estes ideais de fraternidade no governo, na educação e na criminologia, de tolerância e conhecimento na busca da perfeição podem ser aplicados à vida diária de todos nós, cabe ao leitor decidir.

Os Editores.

Primeira Conferência

Introdução

Meus Amigos:

Trinta e seis anos conta a Sociedade Teosófica, trinta e seis anos de bom e mau tempo. Não deixa pois de ser natural que se pergunte: "Que valor tem para o mundo essa Sociedade? O que pode ela fazer para o bem da humanidade? O que tem ela já feito nesse sentido?" Nestas quatro conferências não me proponho senão dizer algumas palavras casuais sobre a Teosofia como um grande movimento espiritual, como uma poderosa auxiliadora das religiões do mundo. Todos vós sabeis o que ela tem feito, detendo e fazendo recuar a onda do materialismo, e o que continua fazendo nesse sentido. Sabeis também o que ela tem feito no sentido da revivescência das religiões, da liberalização das ortodoxias do mundo, o auxílio que tem levado a vários países chamando-os a um conceito mais espiritual da religião. De todos os lados vemos que francamente se confessa que na revivescência dos sentimentos religiosos, que se nota tanto no Oriente como no Ocidente, a Teosofia tem tido um papel não só importante, mas capital. Aqueles que são inimigos de todas as religiões atacam-na, naturalmente, em especial pelo que ela tem feito neste sentido. Mas aqueles que amam a religião, mais e mais se têm convencido da utilidade da Teosofia.

Dessa parte do nosso trabalho, porém, que é tão conhecida, e tantas vezes tem sido descrita, não me proponho tratar agora. Desejo, antes, responder à pergunta: "O que tem a Teosofia a acrescentar à inspiração geral que emana de todas as grandes religiões? O que, de especialmente valioso, ela traz a este mundo? Que luz derrama ela sobre os problemas da vida, e de que modo os esclarece? Que inspiração utilizável e prática ela dá, ao mover os espíritos de homens e mulheres para servir à causa real dos seus semelhantes?"

Vou tentar mostrar-vos, nestas conferências, que os ideais, que são especificamente os Ideais da Sociedade Teosófica, têm um valor real mesmo no plano físico. Que nós não somos meros sonhadores, como alguns nos julgam; que nós nem sempre vivemos nos céus, ainda que ali subamos às vezes para de lá trazer a inspiração que nos guie para que melhor nos desempenhemos de nossa missão na terra. Vou tentar demonstrar que, mesmo do ponto de vista utilitário, a Teosofia pode justificar-se perante um mundo cético pelos Ideais que ergue, e pelo valor da aplicação prática desses ideais aos trabalhos da vida.

O que um Ideal Significa

Em primeiro lugar, o que queremos dizer com a palavra "Ideal"? Evidentemente que, antes de mais nada, um Ideal é uma ideia, um conceito construído pelo espírito. É esta a primeira parte da definição de um Ideal. Mas ele não é apenas um conceito ou uma ideia; pois que muitas ideias, passageiras, mutáveis, frívolas, constantemente estão atravessando o espírito humano, na sua constante atividade, e a estas não se pode dar o nome de Ideais. Para haver um Ideal é preciso haver mais alguma coisa do que uma ideia. O ponto seguinte, portanto, na definição, é que Ideal é uma ideia *fixa*, não um pensamento passageiro. É uma ideia que não muda, que não varia, que é fixa e estável, que exerce uma forte influência sobre o espírito. Eis, pois, a segunda parte da definição da palavra Ideal: um Ideal é uma ideia fixa.

Mas, além disso, um Ideal é uma ideia construtiva, uma ideia vitalizadora, e que, portanto, tem um efeito sobre o caráter. Um Ideal é uma ideia, não morta, mas viva, exercendo uma forte influência sobre a vida. De sorte que chegamos a conceber um Ideal como sendo uma ideia ou um conceito caracterizado pela fixidez e pelo seu poder construtivo do caráter.

Temos, porém, ainda um pouco a acrescentar à nossa definição, antes que percebamos totalmente o que um Ideal significa. Uma ideia falsa pode ser fixa – uma ideia fixa que não está em harmonia com os fatos e com a natureza das coisas. Uma destas ideias fixas produz o maníaco, mas não o Herói ou o Santo. De modo que temos que acrescentar um adjetivo a essa palavra "ideia". Tem de ser uma ideia verdadeira, uma ideia justa, uma ideia que esteja em harmonia com os fatos e de acordo com a verdade.

A ideia fixa, tal qual os psicólogos a conhecem, tem certas características. Já disse que ela pode produzir um maníaco; porque é característico de uma ideia fixa, no sentido vulgar da expressão, que ela domina o espírito e exclui as influências que se lhe opõem. É quase inútil argumentar contra ela. As influências usuais da vida, que atuam sobre o espírito humano, recuam ao bater de encontro à ideia fixa, do mesmo modo que as ondas recuam, quebradas ao bater de encontro a um rochedo. Por isso uma ideia destas pode ser um perigo e não um auxílio, um mal e não um bem. Mas, mesmo quando a ideia fixa seja boa e verdadeira, mais alguma coisa é preciso para que ela seja realmente um Ideal Teosófico. A ideia que é boa e verdadeira produz o Herói e produz o Santo; mas aquela que torna um homem um servidor útil da humanidade é uma ideia fixa que é boa e verdadeira, mas que ele possui, e não ela a ele. Não há aqui uma mera sutileza ou um simples jogo de palavras. Há uma profunda diferença, na evolução, entre uma ideia fixa dominar um indivíduo, e um indivíduo dominar uma ideia fixa. Lembram-se decerto, de que Patañjali, no seu *Yoga-Sūtras*, ao traçar os estágios da evolução intelectual, observa que o homem que está possuído por uma ideia fixa está perto da porta da *Yoga*. Sim: isto é verdade. É um sinal de evolução acima do vulgar, isto de uma ideia que seja uma inspiração nobre e verdadeira, possuir um homem a tal ponto que nenhum dos usuais argumentos mundanos pode fazer com que ele abandone a sua atitude; mas é sinal de uma evolução ainda mais alta quando a ideia nobre é possuída por ele como um instrumento, e não o possui como um dono. Uma ideia deve ser serva do Espírito, a fim de dominar a natureza inferior e coagi-la ao serviço da superior. Por isso Patañjali sabiamente traça a distinção, e aponta que a ideia fixa possuindo um indivíduo o traz para perto da porta do Caminho; mas que é só quando o indivíduo possui a ideia e não é possuído por ela que os seus pés podem transpor o limiar dessa porta.

Um Ideal é, pois, uma ideia fixa, justa ou verdadeira possuída pelo indivíduo, e a tal ponto viva que influencia o seu caráter. Este último ponto não deve nunca ser esquecido. Porque um Ideal que não vivemos torna-se um ídolo, e muitas vezes resulta ser um obstáculo em vez de um auxílio. Formar o caráter, inspirar o coração, iluminar o espírito, eis o valor de um Ideal. Temos que meditar num Ideal desses para que o possamos reproduzir dentro de nós. Porque o homem, como diz o *Upanishad*, é criado pelo pensamento e torna-se aquilo em que mais pensa. O pensamento forma o caráter, e a vida torna o pensamento fértil.

Fica, pois, feita a definição da palavra Ideal.

Ora, quais são os Ideais da Teosofia?

A Importância da Liberdade de Pensamento

Há duas ideias-bases que parecem constituir a raiz de toda a nossa Sociedade. Qualquer destas ideias, se bem a compreendermos e a vivermos, tem sobre a vida um poder de elevação. Mal concebidas, ou postas de parte, atrofiam o nosso crescimento e prejudicam o nosso progresso. A primeira destas duas ideias sobre as quais a nossa Sociedade assenta, é a ideia da Liberdade Intelectual[9]. É impossível exagerar o poder sem preço da razão, reflexo da Divina Sabedoria que vive no cérebro do homem. A liberdade de pensar, de usar da nossa razão ao máximo, de pôr em dúvida toda a proposição

---

[9] LIBERDADE DE PENSAMENTO: "Como a Sociedade Teosófica espalhou-se amplamente pelo mundo, e como membros de todas as religiões tornaram-se filiados a ela sem renunciar aos dogmas, aos ensinamentos e às crenças especiais de suas respectivas fés, é considerado desejável enfatizar o fato de que não há nenhuma doutrina, nenhuma opinião, ensinada ou sustentada por quem quer que seja, que esteja de algum modo constrangendo qualquer membro da Sociedade, nenhuma que qualquer membro não seja livre para aceitar ou rejeitar. A aprovação dos seus três Objetivos é a única condição para a filiação. Nenhum escritor ou instrutor, a partir de H.P. Blavatsky, tem qualquer autoridade para impor seus ensinamentos ou suas opiniões sobre os associados. Cada membro tem igual direito de seguir qualquer escola de pensamento, mas não tem o direito de forçar qualquer outro membro a tal escolha. Nenhum candidato a qualquer cargo, nem qualquer votante, pode ser tornado inelegível para concorrer ou votar por causa de suas opiniões ou por sua filiação a qualquer escola de pensamento. Opiniões e crenças não concedem privilégios nem infligem penalidades. Os Membros do Conselho Geral solicitam seriamente que cada membro da Sociedade Teosófica mantenha, defenda e aja de acordo com estes princípios fundamentais da Sociedade e também exerça destemidamente seu próprio direito de liberdade de pensamento e de expressão, dentro dos limites da cortesia e da consideração para com os demais." (Resolução aprovada pelo Conselho Geral da Sociedade Teosófica em 23 de dezembro de 1924 e modificada em 25 de dezembro de 1996). (N. ed. bras.)

e todo o fato – com isto a razão cresce e a inteligência se expande. Só quando a inteligência existe em absoluta liberdade, pode o homem atingir a sua verdadeira grandeza como viva inteligência espiritual, sondar as profundezas do ser e realizar as suas possibilidades divinas.

Por que isso é tão necessário? Deveis lembrar-vos de que há pouco houve quem dissesse – e disse-o, com certeza, antes de pensar no que dizia, e não depois – que o Hinduísmo é contra a liberdade de pensamento. Eis uma ideia que é com certeza uma ideia falsa, uma ideia errada, que briga tanto com a história como com os fatos. No Hinduísmo encontrareis escolas de filosofia tão diferentes entre si quanto é possível, e nem por isso deixam de ser consideradas "ortodoxas", que estão todas patentes ao estudo do espírito investigador e que em muitos pontos se contradizem umas às outras. O Hinduísmo permitiu e fomentou a mais ampla liberdade de pensamento, e nunca tentou cortar as asas da Ave Divina que sobe até a luz do Sol da Verdade. A inteligência é como uma águia que sobe até o Sol, e a inteligência humana pode na verdade subir até onde quiser; nada tem o direito de impedir o seu vôo exceto a sua própria incapacidade de voar mais. Há coisas que a razão não pode abranger, mas aquelas que *pode*, consegue abranger, se quiser.

Compreendeis decerto por que foi que eu disse que uma das pedras em que se assenta a nossa Sociedade é a liberdade intelectual; a natureza humana, é tal que o conhecimento é a sua própria essência, e que quanto mais o homem investiga, mais se aproxima da verdade. O espírito de um homem, no mais alto sentido da palavra "espírito", só se sente satisfeito quando conseguiu abranger e assimilar a verdade. Por isso erram também aqueles que pensam que a verdade é uma coisa que se deve *provar*. Não é assim. A verdade não é uma coisa que se deve provar a um espírito cuja natureza é conhecer. Basta ser vista para ser aceita. Aqueles que não creem não veem a verdade, e não há crenças que abram os olhos a um cego.

Tudo o que é preciso para achar a verdade é um coração puro, uma inteligência ativa e uma vida limpa. São estas condições que têm de ser preenchidas por quantos queiram saber a verdade, a verdade que é *Brahman*, o Eterno. Ninguém tem o direito de impor condições para a procura da verdade, salvo aquelas que estão na própria natureza da coisa procurada, e são portanto as condições naturais e inevitáveis para se poder encontrá-la. De mais a mais a imposição de um credo pode formar hipócritas, mas nunca conhecedores da verdade. Às almas infantis é preciso dar instrução, e elas têm que ser ensinadas pelos adultos; esse ensinamento lhes é preciso. É este o lugar da religião dogmática. Mas esta instrução dada à alma infantil não é o conhecimento senão quando for assimilada. Na nossa Sociedade, portanto, deixamos livre a procura da verdade, e o nosso laço, que nos une a todos, como dizemos em uma das nossas circulares, é, não uma crença comum, mas um desejo comum de encontrar a verdade e de vivê-la.

Ideais Inspiram Mais do que Mandamentos

A segunda grande ideia sobre a qual assenta a nossa Sociedade é que as emoções de um homem evoluído guiam-se melhor por Ideais inspiradores do que por códigos e leis. É esta a segunda pedra sobre a qual se ergue a nossa Sociedade. Há duas maneiras de ensinar moralidade. Uma diz: "Farás isto e não farás aquilo". Impõe mandamentos e proibições, e obriga por meio de penas à obediência a esses mandamentos. A outra ergue o Ideal de amor nobre e do sacrifício de si próprio, da pureza e do auxílio, e deixa que estes, pelo seu poder sobre o espírito, consigam que os homens imitem as vidas nobres e assim as realizem. A primeira é a maneira que forçosamente têm de empregar o Estado e todos os governos laicos; ao passo que a outra é a de toda verdadeira Religião, que leve um indivíduo a seguir uma vida espiritual. Porque a nossa Sociedade é uma Sociedade espiritual, e porque crê que o homem é fundamentalmente divino e não demoníaco, que a razão é um tesouro sem preço e não uma ilusão, que a inteligência precisa ser livre para poder investigar todos os assuntos, que o Belo, o Bom, o Verdadeiro basta serem vistos para serem amados, por isso dedicamos a nossa Sociedade à inspiração de grandes Ideais, e não à difusão de qualquer crença estreita ou estreito código de leis. Se um irmão cai, preferimos tirá-lo do atoleiro, ajudando-o a sair, a excluí-lo da Sociedade por indigno do nosso convívio.

São estas as pedras sobre as quais assenta a nossa Sociedade, e, enquanto sobre elas assentar, durará.

Os Ideais da Teosofia

Vejamos agora os Ideais que escolhi para nosso estudo nestas conferências. Três deles estão inclusos nos nossos três objetivos. O primeiro desses objetivos[10] oferece-nos o Ideal da Fraternidade Humana; e deste partem como corolários, a Reencarnação e o *Karma*, porque estes dois são como depois mostrarei, implícitos na ideia da Fraternidade Humana. O segundo objetivo[11] da Sociedade revela o Ideal da Tolerância. Por tolerância não se entende aquela atitude arrogante que diz: "Podeis pensar como quiserdes", com um desprezo fundamental pelo pensamento do outro indivíduo; mas aquela tolerância bem entendida que nasce do nosso reconhecimento

---

[10] Formar um núcleo da Fraternidade Universal da Humanidade, sem distinção de raça, credo, sexo, casta ou cor. (N. ed. bras.)

[11] Encorajar o estudo de Religião comparada, Filosofia e Ciência. (N. ed. bras.)

do valor da fé e da crença de outrem, que estuda as várias mensagens do Divino ao mundo que as várias religiões nos revelam, uma tolerância que aumenta com o estudo comparado das religiões, onde aprendemos tanto a unidade como as divergências delas, e pela qual aprendemos a respeitar a alma de cada indivíduo e compreendê-lo como procurando o seu caminho para a verdade, no qual ninguém tem direito de intervir. O terceiro Ideal é a Ciência, o Verdadeiro Conhecimento, e a procura desta forma o terceiro objetivo[12] da nossa Sociedade. Trata-se de uma Ciência que inclui o lado superfísico, como o físico, da natureza, que tanto se ocupa de estudar os poderes latentes no homem e na parte oculta das coisas, como aquilo que a vulgar ciência moderna tem descoberto. Assim, três Ideais da nossa Sociedade de que tratarei são: (1) a Fraternidade; (2) a Tolerância; (3) o Conhecimento.

São estes três dos nossos Ideais, pertencentes a toda a nossa Sociedade. E há ainda um quarto Ideal, do qual também tratarei, seguido por alguns dos membros dela: eles procuram encontrar os Homens Perfeitos que são os tipos da Humanidade Divina. Estão absolutamente convencidos da Sua existência e prontos a seguir o Caminho que até Eles conduz. Este Ideal é a afirmação da natureza espiritual e portanto da perfectibilidade humana. Ele atrai de vários modos muita gente, e é talvez, para alguns, o mais sedutor de todos os nossos Ideais; o seu estudo é à parte da organização externa da Sociedade Teosófica; mas é também a missão da nossa Sociedade ensinar aqueles que desejem ser ensinados nos íntimos círculos do nosso movimento, a trilhar o caminho estreito e antigo que conduz aos pés dos Mestres.

[12] Investigar as leis não explicadas da Natureza e os poderes latentes no homem. (N. ed. bras.)

São estes, pois, quatro dos grandes Ideais da nossa Sociedade, e traçá-los-ei um por um nestas conferências. Mas não se deve esquecer que nenhum deles, salvo o primeiro, é obrigatório para todos os nossos membros. Não há condição para o ingresso em nossa Sociedade salvo a aceitação do primeiro Ideal, a saber, a Fraternidade da Humanidade, sem distinção de crença, raça, sexo, casta ou cor. É esta a única condição para ser membro. Mesmo a crença nas doutrinas da Reencarnação e do *Karma* e na existência dos Mestres não é indispensável para se ingressar. Mas a Sociedade existe para espalhar estes ensinamentos através de quantos pelo estudo têm aprendido a aceitá-los. Temos a certeza de que a verdade convence, e enquanto procurarmos seguir a verdade, a Sociedade estará segura; tudo está e estará bem, desde que os seus membros estudem as grandes verdades da vida. E a Sociedade vive para espalhar e ensinar estes Ideais àqueles que estiverem dispostos a aprender, ou que os aceitarem. Mas se um indivíduo disser: "Não aceito estas doutrinas da Reencarnação e do *Karma*", nem por isso o seu lugar deixa de ser tão seguro entre nós como o daqueles que chegaram a um estágio onde estas verdades são fatos para eles.

De resto, a grande maioria daqueles que entram para a nossa Sociedade, mais cedo ou mais tarde aceitam estas verdades. E então se tornam aptos a aceitar também os Ideais que sobre elas se baseiam. Mas há uma grande diferença entre aceitar um Ideal, e aplicar esse Ideal às circunstâncias da vida quotidiana de um indivíduo. Deveis compreender bem que, ao aplicar os nossos Ideais à prática, estou falando apenas daquilo que me parece ser verdadeiro. Mas as minhas palavras não obrigam nenhum dos meus coassociados. Há tanta gente com o costume de se fazer eco de um orador, de refletir as opiniões dos outros, de seu jornal ou autor predileto, que tem dificuldade em acreditar que, numa Sociedade como a nossa, os membros podem ouvir as palavras de alguém que é considerado chefe, e contudo exercer o seu próprio critério para aceitar ou rejeitar o que esse chefe lhes diz. Consideram isso impossível. É porque muita gente esquece isto, e porque mesmo alguns dos nossos membros o esquecem, que torno a lembrar-vos que, conquanto o Ideal da Fraternidade nos obrigue a todos, o que eu penso quanto à aplicação desse Ideal à vida é a minha opinião do que deve ser a justa aplicação, e dessa opinião poderão discordar, e discordarão, muitos dos meus coassociados. Estou aqui para vos dizer o melhor que me é possível dizer-vos; mas é convosco, inteiramente, avaliar por vós do seu valor e seguir ou não o que digo, conforme melhor vos pareça.

A Vida Divina é a Raiz da Igualdade Humana

Com a Fraternidade muitas vezes se liga a ideia de igualdade humana. E num certo sentido essa igualdade existe. Porque o que é a raiz da verdadeira igualdade humana? É o fato de que a Divina vida una está em cada um de nós e em todos. Esse fato não se limita apenas ao homem. É verdadeiro também quanto ao animal, ao vegetal e ao mineral. Não há grão de pó em que a vida de Deus não esteja imanente. Não há altíssimo Deva em que essa mesma vida não esteja manifestada. Não há outra vida que não a Sua; não há outra consciência que não a Sua; não há outra Vontade que não a Sua; nem outro agente que não seja Ele. Há só uma vida, uma consciência e um poder, e são a vida, a consciência e o poder de *Ishvara* (Deus), que estão em tudo quanto Ele emanou. Eis a raiz da igualdade humana, e é esta a única espécie de igualdade que existe. Como os irmãos numa família são todos do mesmo pai e da mesma mãe, assim é a Fraternidade humana, e de tudo quanto vive num universo onde nada está morto. A vida humana é uma parte daquela Vida-Mãe de quem todos nós somos filhos.

A Fraternidade nas Diferenças: A Grande Família Humana

Eis, pois, a única igualdade verdadeira, a de que Deus vive por igual em tudo quanto existe. Todos têm oculta dentro de si a possibilidade de subir até a máxima perfeição; todos têm a certeza da perfeição final. Mas no decurso da evolução, na longa cadeia evolutiva da vida, eis onde surgem as desigualdades. É este um fato que frequentes vezes esquecem aqueles que falam de igualdade. Reparai contudo ao vosso redor; transportai-vos em imaginação até a grande porta do nascimento, onde a multidão das almas se aglomera para tomar corpo em formas novas. Uma entra para uma forma saudável e forte; outra entra para uma forma poluída pelos germes da doença hereditária. Uma entra para uma forma de estatura nobre e esplendidamente talhada; outra para uma forma aleijada e tosca. Uma mostra as qualidades de um santo; outra as qualidades de um criminoso. Uma torna-se um filantropo; outra revela-se um bárbaro. Acaso estas almas são iguais? Desde o seu próprio nascimento elas trazem o cunho da desigualdade[13]. Ah! De que nos serve iludirmo-nos com palavras vazias de sentido? De que serve dizer dos homens que eles nascem iguais, e falar de uma igualdade universal que a natureza nega? Há, com efeito, muita desigualdade social que po-

---

[13] A Filosofia hindu explica as diferenças nos seres humanos a partir da Lei do *Karma* pela colheita do resultado de diferentes ações em vidas anteriores. A Tradição judaico-cristã apresenta semelhanças: "Tudo o que o homem semear, isso também colherá" *(Gálatas* 6:7); "Eu era um menino bom, dotado de uma boa alma, ou antes, como era bom, vim para um corpo sem mácula". *(Sabedoria* 8:19-20). (N. ed. bras.)

deis remover. Mas essa é muito menos importante. É a desigualdade natural que é muito mais grave. E a essa muitos esquecem, quando falam tanto de nações como de indivíduos. É a diferença de capacidades inatas que importa verdadeiramente[14], e não a de posições sociais; é essa que separa uma nação de outra, um indivíduo de um outro indivíduo. Observais um homem a quem surge uma oportunidade, e ele passa por ela cegamente sem a ver. Um outro homem, quando uma dessas oportunidades lhe aparece, imediatamente se adianta a aproveitá-la, ou, se ela não se aproxima bastante dele, abre caminho até ela, até que a tem nas mãos. Ah! É *aí* que está a desigualdade que não há leis humanas que alterem, que não há condições sociais que evitem. Uma igualdade de oportunidades para todos[15] – talvez a possais conseguir num futuro muito distante; mas uma igualdade de capacidades para utilizá-las – isso nunca podereis conseguir. O poder de consegui-la não pertence aos homens de nenhuma geração. De modo que temos que olhar de frente o fato de que a Fraternidade não quer dizer igualdade, mas uma Fraternidade real de mais velhos e mais novos, uma grande família humana em que uns são muito mais velhos do que outros, e alguns muito novos, muito ignorantes, e muito imprudentes.

A Teosofia quer que tentemos compreender que muitas escolas são dadas pelo grande Mestre para a evolução das almas a que chamamos homens. As raças e sub-raças são

---

[14] As diferenças de capacidade ou dons estão indicadas na tradição cristã pela relação de harmonia do Senhor com os seus servos, como uma expressão da Lei do *Karma*, na parábola dos talentos: "E a um deu cinco talentos, e a outro dois, e a outro um, a cada um segundo a sua capacidade..." (Mateus 25:15). (N. ed. bras.)

[15] Este é, portanto, um ideal que qualquer governo deve buscar em todas as áreas e também deve ser abrangido numa rigorosa proporcionalidade em qualquer sistema eleitoral, como aquele considerado pelo Sr. N. Sri Ram, ao comentar a proposta da autora. (Vide Apêndice II, nota 55 e 61). (N. ed. bras.)

classes nestas escolas; e assim notamos, como muito bem disse um orador numa das nossas assembleias anteriores, que as diferenças nacionais e as diferenças raciais são valiosas, e não são para se lamentar. Hoje se fala muito em internacionalismo, em ser-se cosmopolita e outras coisas assim. Mas só se pode ser verdadeira e utilmente cosmopolita depois de se terem aprendido as lições das diferentes nações do mundo. Só o Mestre é realmente cosmopolita, porque Ele nada mais tem a aprender, que a terra lhe possa ensinar. As vossas peculiaridades nacionais, as vossas particularidades raciais, são as lições pelas quais as almas aprendem, e pelas quais mais e mais evoluem à medida que o tempo passa. Não podemos abandonar essas diferenças, não podemos passar sem elas. Abandonai a noção de que uma sub-raça deva necessariamente ser superior à outra, por ter aparecido depois dela no tempo. Ouvimos alguns dizer: "Pois sim, mas a sub-raça teutônica deve estar muito acima da raça radical ariana, visto que é muito mais recente no tempo." Isto não é totalmente exato, porque a raça mais antiga também evoluiu enquanto as sub-raças mais modernas se desenvolveram. Todas têm atrás de si o mesmo espaço de tempo. Mas as sub-raças têm qualidades diferentes, e é nisso que está o seu valor – não simplesmente em que são mais recentes no tempo. Quem ousará dizer que a turaniana foi uma sub-raça mais nobre do que a tolteca, só por ter sido a quarta sub-raça, ao passo que a tolteca era a terceira? Diferenças por certo que existem, mas não necessariamente de superioridade e inferioridade. É, portanto, falso querer afirmar superioridade baseando-a num aparecimento mais recente. Do mesmo modo a quarta sub-raça da Raça Ariana, isto é, a grega, não é inferior à quinta sub-raça. Não tem ela a sua ideia de Beleza a dar ao mundo? A diferença entre a quarta e a quinta sub-raças é que, ao passo que a quarta sub-raça desenvolveu a emoção da beleza, na sub-raça teutônica vemos que evoluiu a mentalidade científica concreta.

Quem dirá qual destas é a mais elevada? Será a Arte inferior à Ciência ou esta àquela? A verdade é que todos as principais características das sub-raças contribuem para a formação do Homem Perfeito, e que as sub-raças constituem a escola pela qual temos todos de passar, para que possamos desenvolver por igual todas as faces da nossa natureza. Todas estas raças e sub-raças são classes onde temos que aprender as nossas lições. De modo que nas diferenças destas raças e sub-raças nada há que impeça a Fraternidade. Algumas delas desenvolveram uma face da natureza humana, e outras outra. E só na união de todas se pode achar a perfeição humana. Mas para compreender a Fraternidade, temos que nos lembrar de que a evolução procede por Reencarnação sob a Lei do *Karma*. O indivíduo tem de passar por todas as classes, assimilando as suas qualidades, sem o que será um produto muito incompleto; quando tivermos todos aprendido as nossas lições, ternos-emos tornado dignos de imortalidade. Ora, vós, na vossa maioria, acreditais nessas duas grandes doutrinas, e nas vossas vidas individuais elas têm grande influência. Por que é que não as aplicais às nações, como aos indivíduos, aos problemas sociais, como ao auxílio do vosso desenvolvimento pessoal? À medida que as ideias da Reencarnação e do *Karma* fizerem caminho no mundo ocidental, que tem o hábito de pôr os princípios em prática, parece-me que veremos que este Ideal de Fraternidade sob a Lei da Reencarnação e do *Karma* resolverá muitos dos problemas sob o peso dos quais o mundo ocidental hoje está gemendo.

A Fraternidade Aplicada ao Governo

Vou tentar aplicá-lo a três desses problemas – o problema do Governo, o problema da Educação e o problema da Criminologia. Não creio que possa, esta noite, ir além da sua aplicação ao primeiro destes problemas, ao do Governo. Peço mais uma vez que tenhais presente que a aplicação que vou fazer é inteiramente minha[16], resultado da minha opinião individual acerca da vida, que me parece, porém, poder-se deduzir do estudo da evolução segundo a orientação ocultista. E pedir-vos-ei que por um momento evoqueis o antigo ideal do governo da Índia, em grande parte modelado pelo grande Vaivasvata Manu. Um Rei, um conselho, certos governadores e o povo. E a maneira de encontrar o Rei não era precisamente o que alguns indianos hoje pensam, quando amargamente se referem às velhas ideias de autocracia régia. Não deveis esquecer que um Rei da Índia, antes de poder sentar-se no trono, tinha de obter a aprovação do povo. Quando Dasharatha, pai de Shri Rama, quis pôr seu filho no trono, convocou o seu conselho e pediu-lhe primeiro a sua opinião: "Concordais com que meu filho tome o meu lugar?" Quando o conselho havia assentido, ele então consultou o povo, e a este reunido numa enorme assembleia, perguntou a quem aceitariam. Foi só depois de o desejo do Rei ter sido apoiado pelo seu conselho e aclamado pelo seu povo, que Shri Ramachandra foi considerado apto a ascender ao trono. Era esse o costume no Oriente. E na Inglaterra, há ainda vestígios deste costume no Cerimonial da Coroação. Ali encontrareis a mesma ideia da aclamação popular. O Arcebispo de Canterbury, representando o poder da religião, toma o Rei e, mostrando-o às quatro partes do mundo, à multidão aglomerada na Abadia para a Coroação, apresenta-o como Rei, e o grito deles vem aclamando: "Deus guarde o Rei!" E é essa a velha ideia, de modo algum arbitrária, mas sabiamente ordenada. Pode dizer-se: "Mas a palavra do Rei valia como lei, e essa era arbitrária." Como é porém, que se encontrava e se dizia a sua palavra? Tinha ao redor de si um conselho, que consistia não só dos

[16] Sobre essa questão, vide o Prefácio, bem como a nota 9. (N. ed. bras.)

duas vezes nascidos, as castas superiores, mas também da casta dos *Shudras*[17]. Todas as castas estavam representadas, sendo os melhores de cada uma escolhidos para o conselho do Rei. Cada vila tinha inteira liberdade de administrar os seus assuntos locais por meio do seu próprio conselho local, ou *Panchayat*[18], sistema este que hoje se tenta fazer reviver. E o Rei nomeava governadores sobre cada dez vilas, cada

---

[17] Os *Shudras,* considerados como sendo as almas mais jovens, constituíam a casta dos serviçais, que era a menos elevada do sistema da Índia antiga. A autora considera, a respeito desta questão, que: "Há muito tempo, entretanto, isto já terminou ..." (Vide p. 105). Tal sistema originalmente tinha um sentido vocacional referente ao estágio evolutivo da consciência, mas degenerou num sistema de castas hereditárias. Platão era rigorosamente contrário a tal sistema hereditário, sustentando um processo totalmente individual de evolução e amadurecimento da consciência, semelhante, simbolicamente, a de uma alquimia progressiva da alma desde o ferro, mais imaturo, seguido do bronze e da prata, até o ouro, mais sábio e compassivo, conforme comenta Lindemann: "Um dos pontos que deve ficar muito claro, e que Platão, no livro III de *A República*, chegou a considerar como 'a primeira e principal regra que a Divindade impõe aos magistrados: ... de todas as coisas das quais devem ser bons guardiães, a nenhuma dediquem maior zelo que às combinações de metais de que estão compostas as almas das crianças', ou seja, tomar sempre em consideração que o nível de maturidade espiritual ou estágio evolutivo de cada alma não é hereditário, mas totalmente individual. Platão enfatizou que 'embora a composição paterna seja geralmente conservada nos filhos, pode suceder que nasça um filho de prata de um pai de ouro, ou um filho de ouro de um pai de prata, e da mesma forma nas demais classes ... Porque diz um oráculo que a cidade perecerá no dia em que tiver à testa um guardião de ferro ou de bronze'". (LINDEMANN, Ricardo & OLIVEIRA, Pedro. *A Tradição-Sabedoria – Uma Introdução à Filosofia Esotérica*. Brasília, Ed. Teosófica, 1993, p. 95-6). O Sr. N Sri Ram faz um comentário muito profundo e atualizado sobre Platão (vide p. 142). (N. ed. bras.)

[18] Nome do Conselho de Vila tradicional na Índia antiga, provavelmente constituído com um número original de cinco anciãos (em sânscrito, *Pancha* = 5), que, como segue, resolviam "as questões que percebiam e podiam decidir" na medida da sua autonomia. (N. ed. bras.)

cem vilas etc. Não conheço sistema de Governo teoricamente mais perfeito do que este[19]. Começava com os homens mais velhos da vila resolvendo as questões que percebiam e podiam decidir; acima de um grupo deles estava um governador de uma classe superior, escolhido para guiar, orientar e dirigir assuntos mais elevados. E assim por camadas sucessivas, até se chegar ao Rei, sendo a obediência sempre dada pelos que estavam embaixo e a conta sempre prestada aos que estavam em cima, até que por fim, nesse sistema graduado de Governo, se chegava àquele que consubstanciava a soberania da nação, que era o ápice da pirâmide social, e estava firmemente colocado na sua autoridade.[20]

---

[19] A proposta da autora, coerentemente, consiste numa moderna adaptação parlamentarista de distritos e níveis semelhantes aos citados. (Vide Prefácio e nota 55). (N. ed. bras.)

[20] O grau de responsabilidade que acompanhava esta autoridade, segundo o ideal antigo, também é comentado pela Dra. Annie Besant em sua obra *Brahmavidyā*: "Lembro-me de ter lido numa velha história chinesa, que uma província teve grande dificuldade para encontrar um Governador. O cargo foi oferecido a muitas pessoas capazes, mas eles declinaram da honraria porque não queriam aceitar a responsabilidade. Isso era uma coisa séria, nos velhos dias. Se houvesse penúria, fome, o Governo seria o responsável, pois fizera um mau governo. Se houvesse roubo, assaltos, bandoleiros, o Governo seria responsável, porque não tinha cumprido o seu dever. O tesouro real tinha de restituir, quadruplicado, a quantia roubada ao homem que ele não soubera proteger. (...) Podemos bem compreender que sob tais condições seria difícil encontrar um homem que assumisse o governo da província. O Governador seria responsável por todos os erros cometidos pelo povo. Penso que foi Confúcio quem, quando o Rei lhe perguntou por que havia ladrões em seu território, respondeu: 'Se tu, ó Rei, não roubasses, não haveria ladrões no teu reino'. Essa era a antiga maneira de ver as coisas. Quanto mais uma pessoa sabe, mais responsável ela se torna. As faltas dos ignorantes e dos pobres recebiam penas leves, enquanto as faltas dos educados, dos eruditos, dos altamente colocados, eram pesadamente punidas. Essa é a forma certa de ver as coisas. Quanto mais um homem sabe, quanto mais experiência e poder ele tem, mais pesadas devem ser

Ora, eu não afirmo que possais reimplantar este antigo sistema tal qual ele era. A história não volta atrás, mas repete-se em níveis superiores, e os princípios fundamentais podem reaparecer. O problema do momento é como encontrar o melhor homem, e depois colocá-lo no poder. Se me perguntardes: "Que quereis dizer com o melhor?" responderei: "O mais prudente, o de vontade mais firme, o mais resoluto e o mais dedicado". São estas as qualidades que um Regente deve ter, e sem estas qualidades no Regente não há felicidade possível para o Estado. E para que a todos se dê uma parte na solução dos problemas que mais de perto os interessam, parece necessário começar por uma pequena unidade, e fazer destas unidades, das quais cada qual se governa a si própria, a larga base do governo mais lato. Um camponês pode ser sabedor no que diz respeito aos assuntos da sua aldeia, mas a sua opinião sobre a complexa situação na Pérsia não deve ser muito lúcida ou elucidadora. Deve, pois, ter opinião sobre uma destas coisas, e não sobre a outra.[21]

---

as penas, se ele abusa desse poder e engana o povo. Sei que, da maneira moderna, quanto mais elevada é a posição de um homem, melhor deve ele ser tratado quando vai para uma prisão, mas essa é uma forma de tratar as coisas às avessas. A responsabilidade cresce com o conhecimento e o poder, e isso deve voltar a existir ..." (BESANT, *Op. Cit.* nota 6, p. 99-100). (N. ed. bras.)

[21] A eficiente justiça do sistema eleitoral de microdistritos ou *panchayats* (vide nota 18), proposto pela autora, reside no pleno aproveitamento da capacidade do eleitor em sua área de conhecimento local (vide notas 50 e 52), bem como pela delegação do poder de decisão sobre áreas mais amplas ou abstratas a um representante de sua livre escolha, pelo exercício do voto direto e secreto, e que ainda poderá, através de um simplificado procedimento eleitoral em seu respectivo microdistrito, ser demitido e substituído a qualquer momento pelo próprio eleitor. (Vide nota 55). (N. ed. bras.)

Os Sofrimentos que a Ignorância Traz

Considerai por um momento alguns dos problemas práticos que confrontam hoje a Inglaterra, e os que confrontam a Inglaterra estão confrontando também outros países. Aqui na Índia estais reconhecendo a racionalidade da proposição que só aqueles que compreendam os problemas a resolver devem partilhar do poder. Nunca ouvi ainda um reformador indiano afirmar que se deve dar poder aos milhões de analfabetos deste país. Quando falam de "democracia", querem dizer o governo da classe instruída. Não é democracia que eles querem, muito embora falem em democracia, mas um sistema de Governo muito mais racional. Para onde é que a democracia real[22] está hoje conduzindo o Ocidente? Vejamos as questões operárias. Atualmente na Inglaterra temos o voto por fogos[23], e dentro em pouco teremos o sufrágio universal. O resultado disto é que cada indivíduo, por ignorante que seja, por vicioso que seja, desde que não esteja no momento numa penitenciária, tem o direito de eleger os membros do Parlamento que têm que fazer as leis. A massa dos nossos eleitores são, é claro, apenas ignorantes, se bem que o crime não leve à incapa-

---

[22] Dra. Besant questionava duramente qualquer forma de democracia com sufrágio de massa que não exigisse qualificações especialmente para os candidatos a cargos do governo (vide Prefácio), como era a prática real da democracia em sua época. Por outro lado, defendia a proposta de "um sistema de Governo muito mais racional", que era uma forma de democracia representativa que pretenderíamos chamar de parlamentarismo microdistrital escalonado (vide Prefácio e nota 55) onde se restringia o tamanho dos distritos (vide nota anterior) de modo que o eleitor realmente pudesse conhecer o seu candidato e exigiam-se qualificações progressivas particularmente para os candidatos dos escalões superiores. (N. ed. bras.)

[23] *House hold sufrage*, no original em inglês, ou seja, um sistema de voto doméstico no qual cada casa e todos os seus habitantes ou famílias contam como sendo um único voto no conjunto. (N. ed. bras.)

cidade de votar. Mas os homens que, no verão passado, reduziram a Inglaterra à anarquia industrial são os mesmos que elegem os nossos membros do Parlamento. E vistes o caos que resultou dos métodos com que eles abordaram as questões econômicas. O que pode o camponês numa herdade inglesa, o pequeno lojista, o proletário analfabeto e inábil, assim como o trabalhador rural indiano, saber a respeito das relações internacionais, das causas da depressão e expansão do comércio, que preocupam os espíritos mais altamente cultos do nosso tempo? Não podem ver mais que as suas próprias necessidades nem sentir mais que o aperto da própria miséria, enquanto veem outros nadar em dinheiro que não ganharam. Não os culpo, a essa pobre gente que causou todas as desgraças do verão passado, fazendo com que apodrecessem os gêneros de primeira necessidade enquanto as suas mulheres e filhos cada vez mais sofriam a fome que nascia da alta dos preços, levando a uma miséria ainda maior no inverno que agora está com eles. Não os culpo, mas sim àqueles que deviam ter conhecido a ignorância deles, e ter defendido a sociedade, em vez de ter posto armas na mão de criaturas que não passam de crianças em matéria econômica, e que com essas armas fazem mais mal a si do que aos outros. No verão passado estava eu na Inglaterra quando os ferroviários fizeram greve, quando os gêneros de primeira necessidade levados pelas ruas de Liverpool eram guardados por tropas, à baioneta e a tiro. As estradas de ferro ficaram paralisadas e tudo posto fora de ordem, até que o Governo pôs termo ao mal com a mão forte da autoridade militar. O resultado líquido de toda a contenda é que houve outra greve seis meses depois, com a miséria maior de terem um inverno adiante deles. Sofrem, esses pobres desgraçados. Sofrem fome as mulheres, sofrem fome as crianças, e não se encontra remédio para isso. Na greve que agora está havendo na Escócia, o desconforto do inverno acresce à amargura da insuficiência da comida.

Em dias de neve, de névoa, de vento penetrante, homens, mulheres e crianças estão sofrendo de fome, enquanto estão em greve para obter um aumento de salário. O que é isto senão um caos? O que é isto senão ignorância? O número triunfando absurdamente, até que a força desorganizada é esmagada pela força organizada. Aí podeis ver o resultado de tornar forte a ignorância e fraca a sabedoria; de contar cabeças, ainda que estejam vazias, de pensar que zero multiplicado por qualquer coisa dá qualquer coisa. As nações do Ocidente estão tentando a democracia[24]; cuidai bem que não as imiteis aqui. Não é esse o caminho do progresso; não é essa a senda da prosperidade.

A Importância da Qualificação dos Governantes

Ora, o nosso Ideal da Fraternidade aplicado ao Governo exige o poder para os cultos e não para os ignorantes; coloca a produção das leis nas mãos daqueles que compreendem os problemas complexos da indústria, e não nas mãos daqueles que só conhecem as necessidades domésticas, ou talvez as necessidades da cidade onde vivem. O povo tem direito à felicidade, mas nunca a pode obter para si pela força física, pela violência legal, ou pela concorrência; deve ser guiado até ela pelos que sabem, por aqueles que compreendem. Se que-

---

[24] A dura crítica da autora é dirigida meramente àquele tipo de democracia que pretendemos denominar "democracia selvagem" no prefácio, uma vez que ela própria defendia, no seu projeto da Federação dos Estados Autônomos da Índia, uma forma de Democracia Parlamentarista, com um sistema eleitoral de microdistritos e exigências, de qualificações para os candidatos. (Vide prefácio e nota 55). Lembremos também que a Dra. Besant dirigia-se, nesta conferência de 1911 em Benares, a um público indiano acostumado com um passado monárquico e autocrático, mas sua linguagem muda ao tratar do mesmo tema numa palestra em Londres para um público predominantemente ocidental. (Vide Apêndice I). (N. ed. bras.)

reis ver o que pode o trabalho conseguir, quando é sabiamente guiado (ou, antes, habilmente, porque não se trata aqui de sabedoria, que implica amor), olhai para os Trustes da América, que, embora egoístas, brutais e sem sentimentos, são, ainda assim, trabalho organizado. Foi preciso inteligência para organizar esse trabalho, eliminar a concorrência, diminuir os estragos da superprodução e da propaganda inútil, e o resultado é que os milhões se amontoam uns sobre os outros, até atingirem um número tão vasto, que há indivíduos que não sabem qual é a sua fortuna. Por maus que sejam, como atualmente são, os Trustes, ainda assim, são preferíveis à anarquia que encontramos na Inglaterra; num caso há esperança, no outro não há nenhuma. No caso da América, o caminho para melhores métodos de produção está indicado. O que é preciso é conservar a organização, não quebrá-la, mas mudar o recipiente, espalhar a riqueza por toda a grande massa da sociedade cujo trabalho a criou, cuja indústria a produziu. E por esse caminho seguirá a indústria do futuro; não a loucura da superprodução, e depois a fome, porque é impossível distribuir o que se produziu, mas a prudência e o conhecimento calculando resultados, em lugar da concorrência desenfreada entre os ignorantes. E essa grande lição está hoje sendo ensinada na Inglaterra. A Inglaterra e a América poderão talvez, juntas, resolver este problema do trabalho; uma demonstrando os sofrimentos que a ignorância traz, a outra mostrando como a riqueza pode advir da habilidade organizadora, e como, então, poderá ser empregada para auxiliar os produtores e não para levá-los à fome. Quando a organização for altruísta em vez de egoísta, então – somente então – este problema do trabalho será resolvido.

Ora, como encontrar os melhores? O Ideal é que sejam os melhores que governem; mas como encontrá-los, eis o problema. Cada um de nós, que estuda, deve tentar resolver este problema, e as sugestões que aqui estou dando talvez contenham algumas indicações para essa solução.

Mas não tentareis resolvê-lo enquanto não compreenderdes a inutilidade da atual maneira de governar – ou de não governar – , e enquanto não aceitardes o Ideal de que o Governo deve ser exercido pelos melhores. Quando concordarmos nisso, então poderemos reunir os nossos esforços para encontrar um meio de achar e escolher os melhores e colocá-los em situação onde bem sirvam o país. E isto tem de ser feito por amor ao povo, ao povo que "perece por falta de sabedoria", e que nunca, na sua ignorância, poderá se salvar.

É nisto que consiste grande parte do trabalho da Teosofia no que diz respeito ao problemas do Governo. Opondevos a tudo quanto quiser nivelar para baixo, e auxiliai quanto pretenda nivelar para cima. Não deixeis que a cultura e a civilização das eras, acumulada a custo de trabalhos e sofrimentos, pela longa luta das gerações, seja tornada um montão de ruínas pelos ignorantes e pelos inconscientes, como já tantas vezes tem acontecido. Tivemos no passado civilizações tão ricas e tão fortes como a atual, impérios quase tão vastos, mas todos passaram, e a barbárie tornou a aparecer.

É aqui que a Teosofia pode auxiliar, trazendo esse Ideal de sacrifício próprio que é a única alternativa à revolução no mundo ocidental de hoje. Ensinemos e compreendamos bem que o governo significa dever, que o poder implica a responsabilidade, e que ter força envolve ter de auxiliar. São esses os Ideais antigos, e, se os espalharmos hoje entre o povo, *mostrando em nós o exemplo*, se dermos em vez de armazenarmos, se espalharmos os nossos conhecimentos em vez de os reservarmos só para nós, se cada parcela de poder que obtivermos empregarmos no auxílio dos outros, e se quanto mais soubermos mais pelos outros fizermos; se realizarmos nas nossas vidas aquele grande preceito do Cristo, da última vez que aqui esteve: "O maior de entre vós todos é como aquele que serve"[25]; se a esse grande Ideal juntarmos o nosso conhecimento da reencarnação, que nos fala das almas mais novas e mais velhas e das suas relações umas com as outras; se realizarmos a Lei do *Karma*, e virmos a vida evoluir de geração em geração até gerações ainda por vir; se contribuirmos com o nosso auxílio, o nosso sacrifício, a nossa compreensão do dever e da responsabilidade, então poderemos trazer a estes problemas do Governo o poder de um grande Ideal, e a aplicação de um longo passado de experiência como de conhecimento atual. E assim o nosso Ideal do Governo penetrará na vida das nações em que vivermos; porque é o pensamento que forma as nações como os indivíduos; o que o pensador concebe, o que o profeta declara, o que o poeta canta, eis o que se torna a vida de uma nação e o que se revela através da organização social.

---

[25] *Mateus* 23:11. (N. ed. bras.)

Segunda Conferência

A Fraternidade na Educação

Deveis recordar-vos de que ontem, ao falar da aplicação da Fraternidade aos problemas da vida, da Fraternidade realizada sob as Leis da Reencarnação e do *Karma*, mencionei três assuntos especiais, de que me propunha tratar. O primeiro era o problema do Governo. O segundo era o problema da Educação. O terceiro era o problema da Criminologia. Mas eu falei apenas sobre o primeiro, o problema do Governo.

Proponho-me hoje falar sobre os outros dois, a Educação e a Criminologia. Não me parece que, esta tarde, poderei fazer mais do que isso. E, ao tratar da Educação, só poderei referir-me aos grandes princípios gerais, pois o assunto é, como bem sabeis, tão vasto que seria possível realizar muitas conferências sobre os seus detalhes, sem que essas conferências versassem duas vezes o mesmo ponto.

Não me preocuparei tanto com aquelas questões especiais que hoje estão surgindo a propósito de vários pontos de ensino, como com a maneira que devemos considerar a criança, e a maneira como devemos encarar os deveres do adulto para com ela. É claro que o Ideal Teosófico da educação é que cada criança que vem a este mundo deve receber uma educação capaz de desenvolver as suas faculdades especiais, e também uma educação que a torne no futuro útil à sociedade a que pertence e ao país em que nasceu. Inclui, portanto, evidentemente, a educação universal, e esse tem sido há muito, é claro, o Ideal de todos os educadores. Há um ponto a que desejo referir-me de passagem, ainda que na atual situação das coisas, a instrução primária (como se lhe chama) deva incluir, necessariamente, ler e escrever. Se tomarmos uma grande parte da população que na Índia é considerada "analfabeta", há uma curiosa circunstância que se dá com respeito a muita dessa gente. Pelo antigo sistema do ensino oral, nos dias em que, por esse antigo sistema, *Sannyasis* viajavam de povoação em povoação, reunindo à sua roda muitos adultos e crianças debaixo da árvore da vila, contando-lhes histórias do passado, recitando-lhes os *Ithiasas* e os *Puranas*, havia um gênero de verdadeira educação, ainda que não fosse daquela que hoje se poderia considerar como criadora de "gente que sabe ler e escrever"; mas nem por isso deixava de ministrar a um grande número de pessoas uma educação que era ao mesmo tempo religiosa e intelectual.

Tenho encontrado restos deste sistema de vez em quando na Índia. Uma vez num exame de tâmil, perguntaram a um rapazote qualquer coisa a propósito de um poeta tâmil, e disseram-lhe para escrever certos versos desse poeta. Ele não o pode fazer, e, ao regressar à casa, falou da sua dificuldade a uma tia "analfabeta", que imediatamente lhe recitou o poema e lhe disse como ele devia ter respondido à pergunta. Permiti-me que opine que essa senhora "analfabeta" era, para falar à irlandesa, mais "lida" que o seu sobrinho que sabia ler. E ainda hoje há na Índia muitos casos desses. Os recenseamentos não podem tomar isso em conta. Mas nem por isso esse fato deixa de existir, de elevar o nível social e de dar uma forma de educação que era inteiramente suficiente no passado. Mas nas condições modernas, tereis que acrescentar ler e escrever. Porque agora tem de se aprender com os olhos o que antigamente se aprendia pelos ouvidos, e, com a decadência dos antigos sistemas, é preciso substituí-los por um novo sistema. Enquanto se está fazendo isso, permanecem as grandes questões basilares que em todas as épocas são as mesmas.

Primeiro a criança. Ora, o que é uma criança? Do ponto de vista da Reencarnação e do *Karma*, ela não é uma inteligência recém-nascida, que entrou para um corpo pelas leis da hereditariedade física, representando, quer uma página em branco, como alguns imaginam, quer uma página suja pela má herança do passado, e onde o educador tem de escrever segundo as suas próprias ideias. A criança, do ponto de vista superior, não é isso. A criança é uma inteligência espiritual viva, que entrou para um corpo adaptado ao estágio evolutivo a que chegou pelo seu progresso no passado, em cujo corpo tem de seguir a estrada da evolução presentemente. Traz consigo as capacidades que criou. Traz consigo os poderes que tornou parte da sua natureza, as faculdades que têm que ser desenvolvidas. É um Ego[26], por vezes mais velho do que aqueles que habitam os corpos dos professores. É às vezes uma entidade altamente desenvolvida, que apenas precisa de

---

[26] Referência ao Ego Superior ou Eu Superior, Tríade Superior ou alma imortal individual, conquista que caracteriza o estágio evolutivo humano, distinguindo-o dos animais, cuja a alma é grupal (vide LEADBEATER, C. W. *A Gnose Cristã*. Brasília, Ed. Teosófica, 1994). A alma imortal humana está progredindo a cada nova experiência e compreensão dentro do ciclo da vida e da morte e da lei de evolução; diferentemente do espírito ou Mônada, que existe antes, durante e depois do estágio humano, porque é divina e sempre habita na eternidade atemporal ou verdade absoluta. Não confundir com o ego da psicologia moderna, que se refere à personalidade mortal, quaternário inferior ou corpo, conforme o denominava São Paulo, que ainda o subdividia em corpo natural (abrangendo o físico e o etérico) e corpo psíquico (abrangendo o astral ou emocional e o mental) (I Coríntios 15:44). (N. ed. bras.)

uma mão que a auxilie para que se torne apta a fazer o seu trabalho no mundo.

Olhando pois para a criança do ponto de vista teosófico vemos um Ego vivo e talvez altamente evoluído, num corpo débil. O nosso dever é estudar a criança e não coagi-la; compreendê-la e ajudá-la a desenvolver-se e a encontrar-se. A educação da criança deve ser sobretudo uma que busque dar-lhe oportunidades de manifestação, e não impor-lhe métodos de desenvolvimento. E enquanto não se compreender que a criança é um Espírito eterno, com poderes e capacidades próprias, indo não para dentro de uma forma, mas para um crescimento individual, que o dever do professor é auxiliar esse crescimento e não tentar alterá-lo; enquanto não se compreender isso, todo o sistema educativo segue por um caminho errado e é baseado numa ideia falsa. Não há criança que naturalmente precise que a coajam. Quando precisa, a culpa foi da sua primeira educação, quando ela era uma criatura inerte em mãos adultas. Admito as dificuldades que possais ter com um rapaz ou com uma rapariga estragados por uma má educação, ao tentardes corrigi-lo.

Mas, mesmo então, só conseguireis corrigi-lo pelo amor, e não pelo medo. Um dos piores detalhes de alguns dos sistemas presentes é a ideia de que a criança deve ser levada pelo medo, quando deve ser levada pelo amor; pelo castigo quando deve ser atraída a aprender. Porque a criança deseja aprender, logo que se saiba ensiná-la como deve ser. Não sabeis todos que a criança passa mais da metade de toda a sua vida infantil a fazer perguntas sobre o mundo que a cerca? Não há nela falta de desejo de conhecer. De fato, as suas contínuas perguntas são muitas vezes maçantes e provocadoras da impaciência de adultos pouco afáveis. Utilizai este desejo de saber, e dai à criança conhecimentos na forma que ela melhor os puder assimilar. Se a criança foge da escola e tem medo das lições, culpai o professor e não a criança, o professor que não sabe ministrar conhecimentos de um modo agradável e que, portanto, não pode guiar o aluno direito, acordando-lhe a inteligência e o interesse. A atenção do Eu tem de ser despertada, para que ele possa ser levado a descer ao seu novo instrumento. E ele deve ser a isso atraído pelo amor e pela apresentação de objetos de interesse, porque as pancadas apenas o farão voltar à sua própria região.

Deixai-me citar um exemplo. Nós temos, em Adyar, escolas para crianças das classes oprimidas, fundadas pelo Coronel Olcott. Estamos ali lidando com uma classe que há séculos tem sido oprimida. Uma dessas escolas é destinada às crianças das classes menos favorecidas no sistema social, os varredores e limpadores de ruas, que levam uma vida suja e desgraçada de todos os pontos de vista. Quando essa escola abriu, no primeiro dia entraram as crianças e atrás delas uma multidão de pais, com cacetes e outras coisas assim. O professor, admirado, perguntou-lhes porque tinham vindo, e recebeu a resposta: “Viemos trazer as crianças ao colégio, porque, se não viéssemos, elas fugiam”. “Queiram ir para casa”, disse o professor; “deixem aqui as crianças”. E o fato é que, depois de poucos dias de ensino, as crianças vinham por sua vontade a correr para a escola, e achavam que era um lugar muito mais feliz do que as próprias casas.

As crianças normais têm o desejo de compreender e de adquirir conhecimentos. Basta que as guieis. É nisto que está o dever do adulto. A sua experiência dos objetos do mundo habilita o adulto a auxiliar o corpo inexperiente, ainda mal usado, da criança. Às vezes basta só a educação do cérebro para habilitar o Ego a tomar conta da sua propriedade e utilizá-la, e ele vale-se alegremente da oportunidade. Outras vezes, ele é indiferente e fica surdo às vozes do mundo. E lembrai-vos sempre que o vosso êxito como educadores irá ser em grande parte proporcional à quantidade do Ego que conseguiu “trazer para baixo”, para trabalhar no cérebro. Não o podeis obrigar, mas apenas atrair a descer. E só tornando atraente o vosso ensino, podereis obter a atenção do Ego e assim assegurar o progresso da criança.

Isso, porém, não é tudo. Olhando para a criança com uma visão mais penetrante, para os corpos mais sutis que ela traz consigo, achareis que tudo ali está em embrião. A criança, em geral, não aparece no mundo com capacidades bem crescidas e desenvolvidas. Traz os germes de faculdades que irá desenvolver durante a vida. Algumas dessas faculdades são mentais, outras, é claro, emotivas. Algumas das emoções tendem para a felicidade, outras para a infelicidade. Podeis chamá-las os germes das virtudes e dos vícios – que são modos permanentes construídos no caráter das emoções primaciais do Amor e do Ódio

Ora, estas têm que crescer e começam a crescer desde a primeira infância. Se a criança estiver cercada de boas influências, se aqueles que dela se aproximam são puros de pensamento, afetuosos na emoção, então essas influências agindo sobre os germes das boas emoções, fazem-nas florescer, sem que a criança tenha consciência disso, e a semente da virtude desenvolve-se sob essas influências, ao passo que a semente do vício se atrofia. Com essas influências os germes do vício não encontram oportunidade para se desenvolver. A primeira educação da criança é em grande parte – e a princípio completamente – não por livros ou por palavras, mas pela silenciosa influência dos pensamentos e das emoções dos adultos, que constantemente atuam sobre ela, como o sol brilha e a chuva cai sobre a semente enterrada que se está desenvolvendo.

Ah! é aí que está a vossa responsabilidade. A criança faz maldades. Fostes vós irritáveis, impacientes, estivestes vós apoquentados ou perturbados? Pois emitistes sobre ela uma corrente de influências que nela estimularam os germes da cólera e do mal. Estas são coisas em que os pais e as mães comuns nunca pensam; as pequenas maldades da criança são reflexos dos defeitos mais graves dos adultos que a cercam, dos próprios adultos que nela depois castigam aquilo que causaram. Os corpos das crianças são dons preciosos da natureza, sacrários de um Espírito vivo, postos nas vossas mãos para que os auxilieis, os guieis e os protejais. Não tendes o direito de permitir que sobre elas atue qualquer influência da vossa natureza inferior, nenhum direito de tornar a vida da criança mais difícil e menos nobre, por cederdes a paixões e a desejos ignóbeis. Tornais toda a vida futura da criança menos nobre do que deveria ser, porque não estais vivendo no mais alto e no melhor nível que podeis. E aqueles adultos que compreendem o que é a criança, e a tremenda responsabilidade de bem usar o poder que têm sobre ela, aperfeiçoar-se-ão a si próprios por amor a seus filhos; de modo que a criança se torna um estímulo à dignidade paterna, e o pai e a mãe se tornam melhores e mais puros, à medida que tentam guardar, auxiliar e guiar as crianças.

É precisamente desta maneira que o Ideal Teosófico da Educação deve talhar o lar e a escola. Poder-me-eis, porém, dizer: "Não tendes qualquer coisa a dizer-nos sobre o problema, tão atual, da educação universal e obrigatória?" Por certo que toda a criança no país tem sobre a nação o direito de receber uma educação suficiente e própria. Mas sobre isto dir-vos-ia que, se quereis conseguir isso praticamente neste país, deveis compenetrar-vos de que é uma tarefa que compete à *nação* realizar, ainda que o Governo possa apoiá-la e a apoie. É uma tarefa demasiado vasta para que qualquer Governo possa realizá-la, e tereis que realizá-la mais por sacrifício e trabalho local, do que pelo maquinismo caro e lento do Governo ou de Juntas distritais e municipais. Porque a despesa por este meio é esmagadora. Cinquenta *lakhs*[27] foram prometidos há pouco, e que mais seguiriam. Mas vós precisais de milhares de *lakhs*, para que se possa instruir a imensa população deste território. Como fazê-lo? Repito: pela vila, pela população da vila, que é a unidade da vossa própria antiga vida comunal e autônoma. Deveis tornar a ter o vosso Conselho da vila, o vosso *Panchayat,* para cuidar da vossa escola local. O Governo deve sempre construir uma escola *pukkha,* e fornecer-lhes aparelhos caros. Mas a escola que precisais para a criança da vila ou da aldeia pode-se arranjar tão facilmente! Basta uns bambus como colunas, umas folhas de palmeira para formar o telhado, bandejas de areia para aprender a escrever e a fazer contas, e um adulto de boa vontade pronto a ensinar as crianças. Como foi que o Coronel Olcott, o nossa falecido Presidente Fundador, conseguiu tornar possível a instrução primária no Ceilão? Persuadindo os adultos das vilas a que construíssem a escola; e as vilas construíram-nas às dezenas. Agora tornou-se possível ali a instrução universal e obrigatória. Uma escola destas custa pouco para construir e para manter. Para que isto se possa fazer eficazmente, precisamos de um bando de jovens, homens e mulheres, que estejam dispostos a sacrificar-se para auxiliar as crianças suas compatriotas, e a dar as suas vidas ao ensino e à educação dos pobres: devem dar-lhes uma educação que os torne aptos a seguir as suas vidas futuras no mundo, um ensino que os torne melhores camponeses ou operários, e não empregados de escritório, e aptos a dedicar-se a qualquer outro dos gêneros de trabalho manual.

Precisamos de *Sannyasis.* Não dos milhares de pedintes ociosos que hoje andam por aí, sobrecarregando os chefes de família e esgotando-lhes os recursos, sem que deem nada em troca.; mas jovens, homens e mulheres, *Brahmacharis,* que

---

[27] Fator multiplicador de 10^5 = 100.000; na passagem do texto em questão 50 *lakhs* = 5.000.000 parece referir-se a dinheiro, provavelmente 5 milhões de rúpias (moeda da Índia). (N. ed. bras.)

deem cinco ou seis anos da sua vida de juventude, logo que tenham acabado a sua própria educação, e antes de entrarem para a vida doméstica e para a vida maior do mundo; que trabalhem por amor, pelo desejo de ser úteis, que vão de vila em vila, demorando-se um pouco em cada uma, educando ali um professor primário, fiscalizando-o, e depois passando para a vila mais próxima, peregrinos do verdadeiro serviço humano, ensinando à medida que avançam. Queremos uma nova casta de verdadeiros *Brahmanas,* educadores e servos da Nação, que está cheia de jovens desejosos de servir a causa do progresso do povo.

É aí que eu vejo a Índia redimida da sua ignorância. Não me parece que isto se possa fazer de outra maneira. Mas há um lugar onde está a nossa dificuldade, e esse lugar é o lar. Está nos pais e nas mães. Há muitos jovens prontos a dedicar-se, e haverá mais algumas centenas, quando a necessidade desse trabalho for gritante. A dificuldade está nos lares. Há milhares de *Sannyasis,* dezenas de milhares, centenas de milhares, e é de supor que todos tivessem pai e mãe. E, contudo, esses pais e mães largaram-nos, deixaram-nos ir pelo mundo como *Sannyasis.* Se podem ir e vaguear pela Índia, quase sempre inúteis e ociosos, na suposição de que estão buscando a sua libertação, por certo que bem poderão ir ensinar as crianças da Índia, buscando o bem-estar do povo. Não desejo arrancar a um lar, contra a vontade de pai e mãe, um filho em quem eles concentram as suas esperanças. Muitas vezes eu tenho dito a um jovem entusiástico que vá para casa e alimente o seu desejo de sacrifício cedendo aos desejos de seus pais; conquanto me tenha entristecido ver como o egoísmo dos pais estraga o futuro do filho. E afirmo que tentaria fazer com que o pai e a mãe tivessem orgulho por seu filho ter entrado para esta nova Ordem de *Sannyasis.* Não peço uma dedicação por toda a vida, como a daqueles que andam de vila em vila, vestidos de amarelo; mas uma dedicação, um voto, por cinco ou seis anos da juventude. Não seriam piores pais e piores mães por terem guiado outras crianças, por terem servido um tempo, por amor, às famílias dos seus semelhantes pobres. Não encontramos nós jovens que manifestam entusiasmo por servir, em vez do entusiasmo que faz vaguear os indivíduos, buscando a libertação para si próprios? Ah! que nos importa, a vós ou a mim, que sejamos livres ou servos, se pudermos arrancar os nossos irmãos da lama e do lodo da ignorância e do pecado? Se quereis ser livres, compreendei que a liberdade é do Espírito e não do corpo. A verdadeira liberdade pertence ao homem interior, e não exterior. Se não quereis que a ação vos prenda, relembrai o que disse Shri Krishna, que toda a ação prende, "salvo aquela que for feita por amor ao sacrifício."[28] Mais conseguireis libertar-vos por uma ação dessas do que indo para os matos a buscar a libertação só para vós.

A Fraternidade na Criminologia

Passai agora desse problema da Educação – volto sempre à mesma coisa, ao Sacrifício, a única solução dos nossos problemas sociais – e consideremos os mais tristes problemas daquilo a que se chama a Criminologia. Ora, o criminoso é evidentemente um indivíduo que quebrou a lei, que caiu sob a alçada da lei, e a velha ideia do modo como tratá-lo é a da vingança e do castigo: "olho por olho e dente por dente"; modernamente, quando já não há a tendência para se ser tão franco, diz-se que se castiga o criminoso para o que se chama proteger a sociedade; e bem inábil é essa maneira de protegê-la. Quando se vê um criminoso, como sobretudo se vê no Ocidente, ser preso ano após ano por um novo crime, e depois de década em década, para novo castigo e nova prisão, o sistema está condenado por si próprio. Mas nunca saberemos

[28] *Bhagavad-Gitā.* (N. ed. bras.)

como tratar o que se chama um criminoso, se não nos dermos primeiro ao trabalho de estudar o que é o criminoso.

Eu dividiria os criminosos em dois grandes grupos: primeiro, os Egos pouco desenvolvidos e jovens; depois, os Egos mais antigos cuja manifestação é disforme, e que, por inteligentes que sejam, têm uma anormalidade na sua natureza inferior, que os faz empregar a sua habilidade para obter o que desejam por meios que a lei proíbe. O tratamento destes dois grupos não deve ser igual.

Consideremos primeiro os Egos jovens. Aqui também notamos que eles se dividem em dois grupos, um dos quais contém aqueles que, nesta vida, são, pode-se dizer, irremediáveis e irredimíveis; e o outro, aqueles que são capazes de algum desenvolvimento. O criminoso nato, como o chamam, é praticamente incurável – um Ego que saiu de uma vida de selvageria brutal e que foi guiado, para a sua vida seguinte, para dentro de um corpo adaptado à sua evolução, e deficiente portanto em cérebro e sistema nervoso, um corpo com o qual ele tem de se manifestar entre tipos superiores; que mal saiu do animal, e que se tem desenvolvido mais no sentido animal do que no sentido humano. Daria – e dá um selvagem brutal, e, para a sua mais rápida evolução, é lançado para uma civilização superior. Estes indivíduos facilmente se conhecem; conhecem-se à vista. A parte frontal do crânio deficiente; não há ali parte do instrumento necessário ao exercício das funções superiores do espírito; a parte posterior do cérebro, da orelha para trás, pesada, muito desenvolvida, com abundante material ao serviço das paixões animais, e para a expressão dos instintos brutais; o queixo pesado e três quartos da cabeça abaixo dos olhos. Há tipos desses que surgem na nossa civilização ocidental. Aqui não os tenho visto tão frequentemente. De fato, nenhum aqui tenho visto. Saem evidentemente das fileiras de selvagens brutais e animais. Como pode a Teosofia tratar estes?

Depois há os Egos moralmente pouco desenvolvidos, que, conquanto jovens, não são realmente maus, mas apenas ignorantes. E lembrai-vos de que a ignorância é o único "pecado original," para empregar uma frase cristã. Um indivíduo não é pensadamente mau; poderia mesmo dizer que nunca é pensadamente mau. No coração do homem mais baixo, mais brutal, habita a Divindade não manifesta, e onde está Deus não pode haver o mal completo. Pode haver, sim, a ignorância e a paixão – e a ignorância e a paixão, juntas, conduzem ao que chamamos crime.

Ora, como é que a Sociedade deve tratar esses jovens Egos, quer do tipo brutal, provavelmente irremediável nesta vida, quer o Ego por desenvolver que pode, crescendo, atingir uma mais perfeita semelhança humana? Tem que se defender contra seres desta ordem. Tem que se defender contra a violência e a brutalidade. E olhando para o assunto do ponto de vista da Fraternidade, da Reencarnação e do *Karma*, parece-me que, nestes casos, é o dever da sociedade educar, restringir, ensinar e não deixar o indivíduo em liberdade outra vez, enquanto ele não tiver aprendido a dominar-se, a guiar-se, a disciplinar-se. Não é livre aquele que é escravo dos seus vícios, das suas paixões, dos seus impulsos; e enquanto não aprender a ter rédeas neles, a sua liberdade de corpo não passa de um perigo para a sociedade e de uma fonte de infelicidade para ele próprio.

Como, pois, deste ponto de vista – estou falando por mim – é que eu trataria estas duas classes, o criminoso nato e o Ego por desenvolver? Primeiro entregá-los-ia à educação. Separá-los, até certo ponto, do resto da sociedade? Sim. Mas, apesar de certas restrições sobre a sua liberdade pessoal, eu tornaria o que os cerca uma coisa saudável, limpa, agradável, não penitenciária, mas educacional. Dar-lhes-ia com o que se entreter, com o que sentir agrado, usaria a felicidade para neles fazer nascer e florescer as sementes do bem que neles houvesse; cercá-los-ia de estímulos, sem os deixar em liberdade. Creio que seria possível tratar desta gente numa espécie de colônia de trabalho para onde os mandassem, depois de lhes terem ensinado qualquer ofício, em que pudessem ganhar a sua vida decentemente, sem sobrecarregarem a sociedade. Usaria restrições e uma certa pressão constante, que pouco a pouco os obrigasse a trabalhar, porque eles, por si, não querem trabalhar a princípio, até que qualquer pressão a isso os obrigue. E eu iria tão longe, que até de bom grado estabeleceria a regra que se encontra no *Testamento* cristão, que, "se algum homem não quiser trabalhar também não comerá." Se ele se recusasse a trabalhar, alimentá-lo-ia com a mais simples e mais rudimentar comida possível, que não chegasse a prejudicar-lhe a saúde, aumentando-lhe os confortos e as regalias à medida que ele os ganhasse pelo trabalho. Não trabalho demais, não trabalho pesado e sem interesse, mas um ofício que ele pouco a pouco fosse gostando de seguir, trazendo-o assim com eu faria a uma criança, para o caminho da vida limpa que acompanha a disciplina e a felicidade. E, assim, eu trataria de colocar os poucos desenvolvidos nestas colônias de trabalho, onde seriam tratados com bondade e respeito – porque é impossível levar um indivíduo a respeitar-se a si próprio se não o tratamos com certo respeito. Pouco a pouco, muito gradualmente, os Egos humanos acordariam, e o sentimento de mútua dependência humana levá-los-ia à observância do seu verdadeiro dever; e então eles estariam aptos a sair para a liberdade da vida cívica. Não serviria de nada o castigo numa colônia destas; antes eu os chamaria a progredir por recompensas. Os pouco desenvolvidos desenvolver-se-iam mais depressa com esse estímulo; e com amor e um tratamento fraternal, até o criminoso nato teria, pelo menos, a atuar sobre ele tais influências, que as poderia utilizar na sua existência de depois da morte, habilitando-o a assumir um corpo melhor quando regressasse.

Pode perguntar-se: "Quando é que mandareis o criminoso nato para essa clausura?" Desde pouca idade, desde uma idade escolar, para escolas separadas, reservadas a esta classe. Ler, escrever, contar e um ofício simples – se fosse possível – ser-lhe-iam ensinados. Trabalhos em minas, trabalhos de limpeza, trabalhos de cavar, e de carregar – estes, e outros como estes, mais se acomodam ao indivíduo do tipo selvagem e brutal, e os indivíduos de melhores possibilidades devem ser poupados a isso. O criminoso nato não poderia adquirir a liberdade nesta vida, porque precisa mudar de corpo. Mas teria ganho evolutivamente pelo seu contato com a civilização, e pelo ensino e a disciplina a que tem direito.

Os Egos apenas pouco desenvolvidos também entrariam para a escola com pouca idade, mas não seriam misturados com os criminosos natos. Receberiam, como os outros, uma educação muito elementar, e seriam educados para o trabalho para que mostrassem mais jeito. A agricultura arrebanharia muitos. Todas as oportunidades possíveis de um desenvolvimento mais rápido ser-lhes-iam dadas, e muitos passariam das colônias de trabalho para a vida usual. Estou, aqui, tentando indicar os métodos na generalidade; não há tempo para entrar em mais detalhes.

Há mais uma coisa em relação a esse assunto. A nação que não cuida dos seus pobres honestos, a nação que não se interessa pela maneira como eles possam viver, a nação que deixa que os bairros de miséria aumentem, tornando péssimas as condições em que se vive ali, essa nação chama a si o tipo menos elevado de Egos, selvagens do tipo menos elevado e mais brutal. Os bairros de miséria de Londres e Glasgow, de Edinburgh, de Chicago e de Nova Iorque, atraem, como ímãs, os tipos menos elevados de Egos que estão buscando reencarnar-se; o egoísmo dos vivos traz para a sua civilização estes por nascer dos tipos menos desejáveis. De modo que, mesmo por um motivo egoísta, não deveis ficar indiferentes à miséria e à degradação dos pobres. Uma nação atrai os Egos para os quais fornece um meio propício.

Ora, na Índia não tenho visto nenhum desse tipo menos elevado; parece-me que – neste clima mais feliz, nestas condições mais simples de vida, salvo em lugares como Bombaim onde estão surgindo as condições ocidentais de vida, às quais se seguirão os resultados que mencionei – tendes Egos muitos pouco desenvolvidos, mas não são do tipo do criminoso nato, mas sim de uma espécie mais suave e mais dócil, oriunda das espécies mais afetivas de selvagens. Considerai esses milhões de seres humanos a quem chamam "intocáveis", sobretudo do ponto de vista físico, descendentes de antigas civilizações. Que dóceis, na sua maioria, eles são, que simples, que fáceis de atrair e de guiar! Se, no Ocidente, tivésseis a miséria que aqui tendes nos anos de fome, se tivésseis milhões a morrer de fome – caindo de fome nas estradas, como aqui acontece – teríeis tumultos em todas as cidades e em todas as províncias, teríeis assaltos a estabelecimentos e incêndios das casas dos mais abastados. Mal podeis calcular a diferença da vossa população, a maravilhosa e patética paciência dos vossos pobres. Tenho atravessado distritos em tempos de fome, e ali tenho visto homens, mulheres e criancinhas, que eram apenas ossos com uma pele a cobri-los. Vi-os estendendo as mãos esqueléticas sem raiva, chorando apenas, e pedindo que lhes dessem de comer. Ah! é de quebrar o coração, mas, de certo modo, de o levantar também. É em casos destes, duma paciência destas, que vemos bem o resultado dos ensinamentos da Reencarnação e do *Karma*, ensinamentos que deram a paciência, onde em outros países teria havido uma revolução. Esta gente não é capaz de dar criminosos violentos, não é capaz de ser brutal à maneira ocidental. Não estou falando agora das tribos de selvagens, que são hereditariamente ladrões ou assassinos. Estou me referindo àquela vasta população do tipo menos elevado, daqui, que vemos ser tão fácil de atrair e de levantar.

Mas, ao passo que podemos tratar da maneira suave, amigável, fraternal, a que nos referimos, a primeira classe de criminosos, mantendo-os sob disciplina e ensinando-os; como é que trataremos a segunda classe, aquelas naturezas tortas de que falei, que têm inteligência e habilidade, mas um desvio moral na sua natureza? Chegam às nossas mãos apenas depois de terem cometido crimes, e não devem ser deixados em liberdade, até que, por longos anos de trabalho útil, compensaram a perda que causaram aos outros e assim adquiriram o direito de viver livremente entre os seus compatriotas. São muito mais perigosos do que o tipo inferior de criminoso; e, se vos quereis ver livres deles, não penseis em excluir a religião da educação que lhes derdes, porque o indivíduo egoísta e instruído é bem mais perigoso para a sociedade do que o mesmo homem sem instrução. Se aperfeiçoais a inteligência sem educar o caráter, correis risco de formar um criminoso temível, muito mais prejudicial à sociedade do que o tipo ignorante ou brutal.

Há uma orientação na reforma criminal em que deveis meditar, e que está sendo cada vez mais adotada no Ocidente. Deve ser diligentemente seguida pelos teósofos, enquanto tentamos realizar as reformas de que falei. É preventiva e tenta salvar a criança, logo no momento em que ela caia nas mãos da lei. A América tem sido o primeiro país a seguir esta orientação, naturalmente porque as nações ocidentais têm despejado para a América uma grande parte do que é o pior nas suas populações, e a América tem tido que se haver com essa gente. Têm estabelecido Tribunais Infantis, aos quais a criança é trazida não como um criminoso, mas como um órfão ou vadiozinho que fez maldades. O juiz pegará a criança ao colo, conversará com ela, perguntar-lhe-á como veio a fazer aquilo, e dar-lhe-á conselhos sobre como há de comportar-se melhor. E então aparece qualquer adulto que se oferece para ter essa criança sempre à vista, para tentar salvá-la mais pela amizade do que pelo castigo. O juiz Lindsey, de Denver, tem feito uma magnífica obra nesta orientação, e é o pai do sistema. E gradualmente a ideia está se espalhando, que quando um indivíduo cai pela primeira vez nas garras da lei, então é a ocasião de o bom cidadão aparecer para salvá-lo. Nisto, na Inglaterra e na Europa devemos muito a Srta. Bartlett – atualmente Sra. Re-Bartlett – de quem alguns de vós talvez se recordem como tendo feito parte da Sociedade Teosófica, e que há muitos anos tem trabalhado neste assunto das primeiras prisões. Cidadãos respeitáveis aparecem e responsabilizam-se por qualquer um desses jovens que caiu nas mãos da lei, e um ou outro rapaz surge, pronto a fazer dele um amigo, a tratá-lo como um irmão mais novo, levando-o a passeios, apontando-lhe as belezas da Natureza, se ele tiver inteligência suficiente, levando-o ao teatro, e mostrando-lhe a felicidade de uma vida mais ordenada e mais regular. Eis o verdadeiro caminho da reformação – a boa vontade dos bons de se associarem aos maus e de os levantarem em vez de os calcarem aos pés.

E assim voltamos outra vez à grande palavra – Fraternidade. O que o irmão faria pelo irmão, é esse o dever do homem culto e educado para com os menos cultos e educados dos seus semelhantes. Na Fraternidade é que realmente está a chave de todas as verdadeiras reformas. Na nossa Ordem dos Filhos da Índia temos uma cláusula no juramento, de que todo o filho ou filha tem de fazer "pelo menos um ato de dedicação por dia." Não importa qual o ato. A coisa mais insignificante, guiar um cego ao atravessar a rua, salvar um animal da crueldade alheia, levantar do chão uma criança que caiu, transportar um embrulho ou um fardo que uma mulher estava transportando. Mal podeis calcular, a não ser que o tenhais visto, o efeito educativo desta disciplina quotidiana, especialmente sobre os jovens, tornando-os prontos a descobrir atos de dedicação a praticar, e a praticá-los, de modo que pouco a pouco isso se torna parte da sua natureza e se integra na sua vida. O rapaz que começa por fazer um ato de dedicação por dia, dentro em pouco estará praticando meia dúzia deles, e depois uma dúzia, até que toda a sua vida se torna um ato de serviço, consagrada a Deus como aos seus semelhantes.

E é isto que a Fraternidade significa. Não podeis conseguir a Fraternidade neste mundo enquanto não fordes fraternais. Não podeis construir uma Fraternidade sem irmãos, e isso depende de cada homem e mulher individualmente; e, a não ser que aprendais na vossa vida quotidiana a viver de um modo fraternal, a considerar irmão cada criatura das que vos cercam – de que idade não importa, visto que tendes relações com elas e por isso tendes para com elas obrigações e deveres – , a não ser que assim vivamos todos, não podemos formar uma Fraternidade. Porque o dever não é uma questão de contrato, como muitos infelizmente pensam: "Ele não me ajuda; porque hei de eu ajudá-lo?" Porque ele não vos ajuda, deveis ajudá-lo, visto que assim lhe mostrais o caminho. Se ele é rude para convosco, não deveis ser rudes para com ele, mas sim ensinar-lhe a suavidade, sendo suaves; a bondade "pega-se" como uma doença. "O ódio nunca cessa com o ódio, o ódio só cessa com o amor."[29] E contudo, vinte e cinco séculos depois de Buda Nosso Senhor ter dito essas belas palavras, os homens ainda tentam curar o crime com o castigo, ver-se livres dos delitos pela violência. Ser fraternal é a coisa mais nobre deste mundo; e se o vosso coração por vezes está triste, ou se sentis a vossa vida às vezes solitária, escusa de estar triste enquanto há um coração ferido a tratar, escusa de se sentir só enquanto há homens, mulheres e crianças precisados do vosso auxílio. Uma formosa frase foi empregada uma vez, pela minha filha, falando comigo. Sabeis todos que

---

[29] *Dhammapada* I-5. (N. ed. bras.)

me tiraram os meus filhos porque eu não lhes queria ensinar o Cristianismo[30]. E durante a sua menoridade estiveram separados de mim. Mas logo que se viram livres vieram imediatamente para mim – tanto o meu filho como a minha filha –; e a minha filha, que tinha apenas dezoito anos, disse-me um dia: "Mãe, parece-me que te fui tirada quando era pequenina, para que pudesses ser uma mãe para milhares de outras criancinhas. Ainda bem que fizeram isso." Ora isto é verdade. Mas não precisais que vos arranquem os vossos bem-amados para que possais ser mães ou pais para as crianças que vos cercam e que precisam do vosso auxílio. E todo aquele que é mais ignorante do que vós é na verdade vosso filho, todo aquele que tem menos poder do que vós, que é mais triste do que vós, é na verdade vosso filho. É o coração amante que precisamos. Esse amor, começando na família, espalha-se para a sociedade, para a nação, e, finalmente, da nação para além dela, para a humanidade inteira. O coração amante, que é o Deus dentro de nós, pulsa dentro do Espírito em cada um de nós, e é a própria vida dele. O coração amante derramando-se em todas as direções, emitindo torrentes de afeto benéfico, respondendo a cada grito de socorro, fazendo com que nos apressemos a ajudar os tristes e os oprimidos. Ah! se a vossa irmã estivesse oprimida e triste, por certo que não dormireis

---

[30] A Dra. Annie Besant já nasceu com a característica do livre-pensador: não apreciava dogmas inquestionáveis. Sobre esse período da sua vida, Cranston relata: "Nascida em Londres em 1847, Besant era irlandesa por parte de mãe e meio irlandesa por parte de pai. Na sua juventude tinha sido uma cristã devota e casara-se com um clérigo. Quando a sua fé nos dogmas da igreja vacilou, seu marido disse-lhe que ela teria de aceitá-los ou deixar a casa. Ela decidiu ir embora". (CRANSTON, Sylvia. *Helena Blavatsky – A Vida e a Influência Extraordinária da Fundadora do Movimento Teosófico Moderno.* Brasília., Ed. Teosófica, 1997, p. 399). Posteriormente, ela apoiou a Igreja Católica Liberal e até escreveu um livro brilhante sobre o tema: *O Cristianismo Esotérico.* (São Paulo, Ed. Pensamento). (N. ed. bras.)

enquanto a não houvésseis trazido para casa. Mas há mulheres nossas irmãs, em toda a parte, abatidas, oprimidas, e, enquanto elas estiverem como estão, nenhuma nação pode erguer-se em toda a sua grandeza, ou cumprir a sua missão no mundo. Receais que tocar nos impuros os torne impuros? O contato por amor nunca vos pode poluir, nem pode daí vir algum mal que vos manche.

Há um conto muito belo escrito por Olive Schreiner. Só posso contá-lo pelo que dele me lembro, porque o li já há muito tempo. Estavam abertas as portas do céu e muitos estavam entrando, com as vestes luzentes e puras, e os anjos estavam ao redor, todos de vestes brancas, luzentes, maravilhosas. E uma mulher chegou, com vestes muito brancas e de pés brancos e limpos, e à medida que ela ia pelos caminhos de ouro, os anjos exclamavam: "Vede como as suas vestes estão sujas com a lama da terra, e como os seus pés estão cheios de sangue"; e quando ela se acercou do trono do Cristo, Ele disse-lhe: "Como conseguiste que as tuas vestes estejam tão brancas?" E ela respondeu: "Senhor, conservei-as muito brancas e limpas na terra. Vi uma mulher deitada na rua e pisei-a para que pudesse manter brancas as minhas vestes. Nenhuma lama me tocou, porque salvei os meus pés de se sujarem, pisando o corpo dela." E a face do Cristo estava triste, e todos os anjos velaram as faces, e a cidade divina desapareceu. E a mulher voltou à terra, e passou a trabalhar entre os desgraçados e os pobres; nunca pensou nas suas vestes e nos seus pés, mas apenas em auxiliar os desgraçados e os pobres; até que um dia viu, caída, uma pobre mulher das ruas, e ergueu-a , sujando de lama as suas vestes, e apertou-a ao peito, e trouxe-a até a porta do céu; e, ao irem entrar, os anjos exclamaram: "Vede como as suas vestes brilham e como os seus pés estão cobertos de pérolas"; e o Cristo perguntou-lhe: "Como é que vindes aqui, com pés manchados e vestes sujas?" E ela segredou levemente: "Senhor, a minha irmã estava na lama, e eu ergui-a e trouxe-a para casa, mas a lama manchou as minhas vestes e as suas lágrimas caíram sobre os meus pés." E a face de Cristo estava contente, e das vestes da mulher luzia a luz do Céu, e os anjos riram de alegria ao brilho das pérolas que ela tinha nos pés. Porque a pureza não nasce da falta de contato com os impuros, mas do amor que se curva para redimir e para regenerar, e só quando, com o coração amante, abraçarmos os desgraçados e os oprimidos, só então aprenderemos a compreender a glória de Deus em cada forma humana, e a compreender que o amor que redime é o característico dos Salvadores do mundo, que, sendo Eles próprios livres, são os únicos que podem quebrar as algemas que prendem os outros na desgraça.

Terceira Conferência

A Tolerância

Ao delinear, ou, antes, ao indicar, na minha primeira conferência, os Ideais de que especialmente me dispunha tratar, decerto vos lembrais que o segundo deles era a Tolerância. E o contrário dele, a intolerância, tem, suponho causado mais sofrimento entre os homens do que qualquer outra das muitas fraquezas da humanidade. Seria impossível medir ou avaliar completamente os ferozes preconceitos que se têm erguido, as lágrimas que se têm derramado, os corações que se têm partido, o sangue que se tem derramado, a fome e o ódio que têm sido causados pelas perseguições religiosas, pelas guerras de religião. Por todo o mundo ocidental, na Europa, na América, durante os últimos dois mil anos, temos visto esta intolerância em toda a parte seguindo o seu terrível caminho; e se pudéssemos substituir a intolerância pela Tolerância, se pudéssemos levar os sinceros e os dedicados a lembrar-se de que estão seguros enquanto afirmam, mas correm risco quando negam, então talvez o curso da religião seria mais suave, e os homens achariam que a maneira de servir Deus é não causar sofrimento aos homens. A única maneira, creio, pela qual se pode substituir a Intolerância pelo grande Ideal da Tolerância é através do conhecimento. À medida que vamos conhecendo e compreendendo, vamos vendo o valor da variedade, a necessidade da variedade, e o nosso segundo objetivo na Sociedade Teosófica, o estudo da religião comparada e da ciência comparada, é especialmente destinado a conduzir à Tolerância e a dar-nos uma base firme sobre a qual essa Tolerância assente. Poderemos um momento recordar o sentido da palavra Tolerância. Não quer dizer a licença desdenhosa dada àqueles que julgamos estarem em erro, para que sigam para a destruição sem impedimento. Não quer dizer a afirmação orgulhosa: "Sim, tolero-vos e permito que manifesteis a vossa opinião." Quer dizer o reconhecimento definido de que a cada indivíduo deve ser dado escolher o seu caminho sem que outro lho dite, e sem que outro intervenha nesse caminho que ele escolheu. A Tolerância não pretende julgar e criticar os Ideais de outrem, quer com o fim de lhe ditar as opiniões que ele deva ter, quer com o fim de lhe dar licença para ter as que tem, compreende e submete-se à verdade daquele grande provérbio sufi: "Os caminhos para Deus são tantos como as respirações dos filhos dos homens." Compreende bem a profunda significação das palavras de Shri Krishna: "Qualquer que seja o caminho em que um homem se aproxime de mim, nesse caminho o saúdo, porque todos os caminhos são meus."[31] A verdadeira Tolerância renuncia inteiramente a qualquer tentativa de talhar uma estrada que todos devam trilhar. Ela vê que onde quer que esteja um espírito humano procurando Deus, onde quer que esteja uma inteligência humana querendo erguer-se ao Divino, onde quer que esteja um coração humano ansiando pelo contato com a sua origem, ali está sendo trilhado um caminho para Deus, e o trilhá-lo inevitavelmente conduzirá ao fim.

Os caminhos são diversos porque diversos são os espíritos dos homens, diversos os seus corações, porque se têm desenvolvido por diversos caminhos de pensamento, e se têm

[31] *Bhagavad-Gitā*, IV-11. (N. ed. bras.)

acostumado, durante o passado incomensurável que está atrás de cada um de nós, que se estende atrás de nós até a madrugada do Tempo, a uma variedade de crenças religiosas, a uma variedade de pontos de vista e de opiniões. Estas são, não esqueçamos, desejáveis e não condenáveis. Porque a verdade tem tantas faces, a verdade pode ser encarada de tantos pontos de vista, que cada nova visão dela é um acréscimo e não um obstáculo, e estudar as opiniões de alguém que difere de nós, tentar pacientemente aprender do seu ponto de vista e ver as coisas como ele as vê, é desenvolver em nós a visão que por fim verá toda a verdade e não só uma parte dela; quanto mais estudamos, quanto mais nos compenetramos da unidade ao estudar a diversidade, tanto mais, tanto melhor, conhecemos a sua grandeza.

Os indivíduos que querem ter apenas uma religião, apenas uma filosofia e uma opinião acerca da vida, são como homens que exigissem, visto que a luz do sol é branca, que não houvesse cores no mundo. Porque as cores não nascem da luz, mas das diferentes constituições dos corpos sobre os quais a luz, uniformemente branca, incide. As variedades de constituições, as maneiras de que são estruturados os animais, as flores, a erva, são essas diferenças que nos dão as diversas cores, apesar da luz ser uma; cada um tira da luz branca aquilo que precisa e rejeita da luz branca aquilo que não precisa, e falamos da cor da flor, do animal, do céu. Assim também o grande e branco Sol da Verdade, brilhando sobre os espíritos diversamente constituídos dos homens, dá a cada um deles o que ele precisa para seu alimento, e as suas partes não utilizadas estão sempre sendo devolvidas como cores aos olhos dos outros. A não ser que queirais um universo físico branco, porque haveis de querer um universo branco de pensamento, e porque não regozijar-vos na diferença de constituições que pinta o mundo do pensamento de múltiplas cores, assim como pinta o mundo da matéria de múltiplos matizes? Olhando, pois, para todas as diferentes opiniões que nos cercam, vemos o valor da sua diversidade na riqueza maior e na maior beleza das nossas opiniões da verdade.

Mas há uma outra razão pela qual devemos ser tolerantes, e é porque cada fragmento da Divindade, a que chamamos o Espírito humano, é que sabe as suas próprias necessidades, é que pode compreender o seu próprio amor à procura do conhecimento. Lembrai-vos, decerto, do dito egípcio, quando se trata do Ser: "Aquele que faz o seu caminho segundo o Verbo"; e o que é o Verbo? É o som que dá cada Espírito individual, que mostra a sua qualidade e a sua natureza, e só o Espírito sabe o caminho por onde se pode melhor exprimir. Só o Espírito pode ser juiz da conveniência e justeza do seu caminho, que ele escolhe para encontrar a sua origem. E querer intervir na escolha do Espírito, ditar a um outro fragmento da Divindade como é que ele deve encaminhar-se até Deus, eis o que é uma insolência sem nome, eis o que é, verdadeiramente, uma blasfêmia contra a Ser. A própria coisa, na qual fomos manifestados para que possamos aprender, é a multiplicidade na unidade, e para que possamos compreender o valor desta variedade, estudamos as religiões do mundo.

Ora, só podeis estudar eficazmente quando simpatizais. Estudar sem simpatia é encontrar os defeitos; estudar com simpatia é ver as belezas. E nunca podereis compreender a beleza de uma fé e o seu poder sobre os espíritos dos seus seguidores, enquanto não a estudardes com os olhos do amor e da simpatia, e sentirdes em vós as vibrações que ela causa naqueles a quem impressiona. Por isso, se quereis ser um amante verdadeiro da Sabedoria Divina, erguei-vos acima da intolerância que pretende indicar a outrem o caminho a seguir, e atingi aquela liberdade do Espírito sem a qual não se pode encontrar a verdade. Estudai mais aquilo com que não concordais do que aquilo com que concordais. Dia a dia, antes tornai-vos conhecedor dos pontos de vista dos outros, do que vos conserveis com os vossos olhos fitos sempre sobre o mesmo ponto; aprendei mais com aqueles com quem não concordais do que com aqueles com quem concordais; e assim vos tornareis multimodos como o são os aspectos da verdade; e, finalmente, quando subirdes à magnificência do perfeito conhecimento, vereis que cada fragmento tem o seu lugar no Todo perfeito, que cada religião que o homem tem seguido é uma nota da grande música que fala de Deus ao homem.

Mas, como creio que a maioria de vós está de acordo comigo nisto, não é preciso que me demore mais falando do grande Ideal da Tolerância. Apenas vos pedirei que o apliqueis na vida tanto como o admirais na teoria, que tenteis corrigir a intolerância natural da humanidade, procurando em cada pessoa e em cada opinião o que é bom, e não o que é mau. Que a primeira impressão que tiverdes de um livro seja a impressão favorável, e não a hostil; que a vossa primeira impressão de um indivíduo seja a das suas virtudes, e não a dos seus vícios. Porque, quanto melhor ele vos parecer, mais estareis vendo do Ser que está tentando manifestar-se através do seu Espírito e do seu corpo, e os erros são apenas as nuvens que escondem o sol; à medida que o sol sobe, torna-se mais claro, e à medida que ele for brilhando, ir-se-á desvanecendo a nuvem e o verdadeiro Ser aparecerá.

O Conhecimento

Daqui, passemos ao nosso Ideal seguinte, que é o Ideal do Conhecimento. E aqui bem me parece que muito divergimos da maioria da gente hoje em dia. Para nós, o conhecimento não é de modo algum completo quando se limita ao mundo físico, nem mesmo incluindo os outros mundos físicos que giram em torno de nós pela imensidão dos espaços. Para nós a ciência não é apenas a ciência da nossa terra física, mas uma ciência que abrange o superfísico assim como o físico, nos mundos imediatamente relacionados com os nossos; é esse o assunto que o homem deve dedicar-se a conhecer inteiramente. O nosso terceiro objetivo indica-o como sendo o Ideal do Conhecimento. E eu desejo agora, caso caiba a mim, mostrar-vos por que é que esse Ideal é mais vitalizador, mais elevado, mais útil para nós, nesta vida como em outra, do que o conhecimento e a ciência que se limitam ao globo sobre o qual vivemos e aos globos de matéria física que o cercam. Quero, caso possa, justificar a investigação superfísica aos olhos do homem do mundo, mostrar-lhe quanto ele pode ganhar com isso, ainda que ele considere essa investigação inútil e fantasista; mostrar-lhe que um conhecimento mais vasto está para o estreito conhecimento da ciência contemporânea na mesma relação em que o conhecimento científico do mundo físico está para a ignorância dele; que não podemos sem prejuízo, num mundo de fatos, ignorar uma grande parte das condições que nos cercam e a maior parte dos fatos com que estamos em relação, isto é, os superfísicos tanto como os físicos. Passamos uma vida relativamente curta no mundo físico e uma vida relativamente longa nos outros mundos, do outro lado da morte; e nada saber a respeito deles, nada compreender a seu respeito, é como se um homem que estivesse para viajar num país distante recusasse toda a informação a respeito da geografia desse país, dos usos e costumes de seus habitantes, das leis que o regem, do clima, de tudo quanto um homem precisa saber ao preparar-se para uma viagem nesse país longínquo. De mais a mais, o nosso caso é mais flagrante ainda, porque as influências do superfísico estão constantemente atuando sobre nós aqui e agora, e não podemos viver acertadamente se as ignorarmos[32]. Desejo pois justificar o nosso terceiro objetivo declarando que o verdadeiro Ideal da ciência não deve dar menos atenção ao superfísico do que ao físico.

Por que temos nós, de resto, um corpo? Fragmentos que somos da Divindade, para que precisamos nós envolver-nos neste tosco invólucro de matéria? Que necessidade temos de vestir veste após veste de matéria? Vemos um homem como Huxley afirmar que os nossos sentidos impedem as nossas percepções, que formam um obstáculo ao poder da nossa consciência. Por que é então que nós temos um corpo? Há, creio, apenas uma resposta a essa pergunta: é para que possamos conhecer o mundo que partilha, que é formado da matéria de que esse corpo é composto. Se, pois, há mais mundos do que um, se temos mais corpos do que um, o mesmo raciocínio se aplica aos corpos e aos mundos mais sutis que aos corpos e aos mundos menos sutis. Tudo quanto justifica a ciência física justifica a ciência superfísica – *se esta é possível*;

---

[32] Em *As Variedades da Experiência Religiosa* (p. 380) observa o Prof. William James: "O meu espírito foi então obrigado a aceitar uma conclusão, e a minha convicção da verdade dela nunca mais se abalou desde esse momento. É de que a nossa consciência normal de vigília, a consciência racional como chamamos, é apenas um tipo especial de consciência, ao passo que ao redor, separadas dela pelas mais tênues divisórias possíveis, estão formas potenciais de consciência inteiramente diferentes. Podemos atravessar a vida sem suspeitar da sua existência; mas aplique-se a excitação necessária, e elas eis que surgem completas, tipos definidos de mentalidade que provavelmente têm algures o seu campo de aplicação e de adaptação. Não há relato do universo na sua totalidade que se possa considerar definitivo se não tomar nota destas formas de consciência. O problema todo está em como considerálas, tão descontínuas elas são com referência à consciência usual." Só por uma ciência superfísica pode o "universo na sua totalidade" ser investigado e gradualmente conhecido. (N. A.).

e é disto que temos que convencer aqueles que censuram aquilo a que eles chamam o "psiquismo", sem nunca fazer experiências nele para ver onde essas experiências os podem levar.

Ora a ciência é simplesmente o conhecimento coordenado e inter-relacionado, e, do estudo desse conhecimento e das induções dele feitas, a descoberta de princípios que, incorporando-se se tornam leis. Em primeiro lugar, é baseada sobre a observação dos fatos pelos sentidos, sem o que não há ciência. Depois ela é construída pela descoberta, pela razão, de relações entre esses fatos; sem a descoberta de relações entre fatos não há ciência possível. E, finalmente, ela tem por cúpula as induções feitas pelo raciocínio sobre fatos relacionados, pelas quais se descobrem princípios que, como disse, incorporando-se, se tornam leis. São estas as três coisas essenciais: observação dos fatos pelos sentidos; descoberta das relações entre eles, em parte pela observação e em parte pelo raciocínio; e depois o emprego final da razão sobre a soma de fenômenos relacionados, de sorte que se encontram os princípios fundamentais, e o homem pode prever assim como registrar[33]. A ciência torna um homem dominador das forças da Natureza, das quais, enquanto era ignorante, ele era o títere e o joguete, e apenas à medida que o homem domina pelo conhecimento as forças da Natureza, pode ele seguir sereno e seguro entre as energias turbulentas e obrigá-las a servi-lo, empregá-las para a sua segurança e para a sua felicidade.

Chegamos, pois, à questão se é possível o conhecimento de mundos superfísicos, se esses mundos existem; porque não se poderá negar que se a ciência superfísica for atingível, a segurança e a felicidade do homem serão muito mais au-

[33] Omiti a formação das hipóteses, e a sua verificação pela experimentação, porque são apenas detalhes no estabelecimento de princípios. (N.A.).

mentadas por ela do que a sua segurança e a sua felicidade físicas o têm sido pela ciência física.

Ora, suponde que estais perante um fato físico, que o homem de ciência vos diz: "Um diamante é composto de carbono". Ele faz uma afirmação. Olhais para o diamante e não podeis ver que ele seja feito de carbono, uma massa negra e amorfa. Que tem isso que ver com o cristal brilhante, refletindo a luz com um fulgor multicolor? À primeira vista nada há de comum; mas, por improvável que pareça, ele descobriu o fato pela experimentação repetida, e podeis repetir essas experiências, se tiverdes os aparelhos para isso, e quiserdes aprender da sua ciência como empregá-los – não de outra maneira. Se não tendes tempo, e não vos quereis dar ao trabalho de estudar química, nem estais disposto a submeter-vos às condições de estudo, então é impossível que descubrais esse fato; nesse caso aceitareis a sua afirmação apenas como uma hipótese de momento, se sois cauteloso, e podereis mesmo agir sobre a base dessa experimentação dele; mais tarde, se quiserdes aprender com ele como repetir as suas experiências, convencer-vos-eis da verdade da sua afirmação do fato. Muita gente esquece esses estágios na ciência física quando se põe a falar da ciência superfísica. Esperam que, ao irem pela rua afora, e não tendo maus motivos no espírito, poderão ver corpos astrais e mentais, sem estudo, sem esforço, sem seguir regras nenhumas, sem auxílio dos peritos que conhecem a fundo essa ciência. Não se pode dominar uma ciência dessa maneira. A Natureza não se entrega a ninguém, mas esconde os seus segredos àqueles que não são trabalhadores e pacientes. Se o investigador precisa de paciência para compreender o mundo físico, qual não será a paciência precisa àquele que tem que aprender como fabricar cada fragmento dos aparelhos, antes que os possa empregar, e que tem de dar longos anos de investigação, de estudo, à descoberta e sistematização dos fatos dos mundos mais sutis e mais tênues?

Considerai, depois, um só momento que seja, a esmagadora soma de evidência que pacientemente se tem reunido, para que leiam todos que quiserem ler, desde épocas remotas até hoje, provando o fato de que há outros mundos além deste e corpos em relação a esses mundos. Lede vagarosamente essas evidências e pesai-as bem. E depois compreendei que as condições de verificação dessas investigações são as mesmas que na ciência física, e os mesmos os métodos de investigação. É tão impossível trabalhar por simples hipóteses em mundos mais sutis como no mundo denso. É tão impossível responder a perguntas sem investigar nos mundos mais sutis, como nos mais densos. Se podeis ver a forma de um átomo químico, supõe o mundo exterior que vos será possível ver a forma e o brilho do Logos, e responder a todas as perguntas que vos forem feitas sobre as condições monádicas! Cada mundo sucessivo tem a sua ciência; cada mundo sucessivo tem de ser investigado por si e sob a regência das suas próprias leis. E só com o auxílio dos conhecimentos codificados do passado, podemos progredir rapidamente no presente. Sei que há gente que julga poder seguir por si no caminho da ciência do superfísico. Tentai-o, com toda a energia que quiserdes. Mas levar-vos-á várias vidas a fazê-lo, e no espaço de uma só vida mal tereis aprendido o alfabeto dessa ciência, antes que a morte vos prostre. Qualquer indivíduo, se não lhe escassear o tempo, pode descobrir como se faz a pólvora, sem estudar por nenhum livro. Mas os descobridores dela quase ficaram feitos em pedaços antes que a conseguissem fabricar. E assim pode acontecer que vos façais quase em pedaços superfisicamente, e num grau elevado, se não vos aproveitardes dos conhecimentos de outros e dos registros da ciência superfísica conforme os verificaram outros estudiosos. Não digo que não possais, por vós, descobrir qualquer coisa. Mas podeis meditar no caso de Roger Bacon, que perdeu um dedo, e vazou um olho, e várias vezes perdeu os sentidos, caindo no chão da sua cela, pelas explosões que provocou no decurso das suas investigações químicas. Que diríeis vós do procedimento absurdo do indivíduo que insistisse em desprezar todo o conhecimento obtido com risco, e em fazer por si novas experiências desde o princípio num laboratório de química? Dentro de uma semana ou duas poucos restos haveria do laboratório e do investigador. Perigos análogos confrontam o investigador em outros mundos. Porque as condições são semelhantes. Não estou falando de revelações. Estou tratando de ciência. E tendes que observar e compreender fatos tanto na ciência superfísica, como na ciência física.

Posso eu provar-vos imediatamente que tendes corpos mais sutis? Não, como a química não pode provar-vos imediatamente, aqui nesta sala, que o diamante é um pedaço de carbono. Mas se quiserdes dar o tempo e o trabalho e obedecer às regras que são precisas – visto que toda a ciência tem as suas regras – Sim; então podereis desenvolver em vós a capacidade de conhecer, como muitos de nós o têm feito. Todo o homem educado acaba de atingir um estágio de evolução geral que o traz até mesmo ao limiar do mundo superfísico. Deixai que vos cite um exemplo. Há muito tempo que nós os teósofos falamos da aura e da sua composição conforme a vê o clarividente. Muitos de vós viram um livro chamado *O Homem Visível e Invisível*[34] escrito pelo meu amigo o sr. Charles Leadbeater. Podeis agora, se quiserdes, comprar um livro chamado *A Atmosfera Humana*, escrito por um médico de Londres, e nesse livro vereis gravuras da aura, tal como ele a conseguiu ver com o auxílio de "biombos" de vidro contendo certos líquidos. Através desses "biombos", nas condições estabelecidas como resultado das experiências, qualquer de vós pode ver a parte mais densa da aura, aquela

[34] Editora Pensamento, São Paulo. (N. ed. bras.)

que chamamos o duplo etérico com a aura de saúde. É uma questão de fato e não de teoria, e de fato visto pelos olhos físicos, auxiliados por um aparelho especial, em vez de por um poder de visão mais desenvolvido. Há gravuras desta aura em ambos os livros. Considerai a gravura dada pelo Dr. Kilner, desenhada do que ele conseguiu ver através dos seus "biombos". Comparai essa gravura com a gravura em *O Homem Visível e Invisível*, desenhada do que foi visto pela visão clarividente, e vereis que estais olhando para a mesma coisa. Os detalhes não são tão nítidos no livro do Dr. Kilner como no livro teosófico. Também vereis em ambas as obras que a doença altera a constituição de parte dessa aura, e em ambas podereis ver uma outra gravura – daquilo a que chamamos a aura de saúde – nos casos de fraqueza física, de doença. Quando isso foi exposto como resultado da clarividência, muita gente riu-se. O que é que vão fazer agora quando, pelo resultado da investigação científica moderna, podem *ver*? Mal poderão negar que o clarividente tinha razão, e não podem dizer que o teósofo copiou uma descoberta científica, ou que o nosso livro foi escrito depois do Dr. Kilner, visto que lá estão as datas, mostrando a nosso favor uma prioridade de muitos anos. E esse caso vai se repetir várias vezes com respeito à investigação clarividente e aos avanços maiores da ciência moderna.

Considerai outro ponto. O Sr. Leadbeater e eu fizemos juntos há tempo umas investigações sobre os átomos químicos, desenhamo-los conforme pudemos e publicamos isso tudo. Foi um trabalho longo e árduo, mas ele aí está; e mais de uma pessoa me tem dito que os químicos estão agora tentando descobrir as formas dos átomos químicos, estando já a uma distância mensurável de consegui-lo. Quando o tiverem conseguido, será muito interessante comparar os resultados deles, obtidos por meios físicos, "biombos" coloridos etc., com os nossos resultados, obtidos pela visão clarividente.

Só me refiro a estes métodos, mais lentos, da ciência moderna, porque quero que vejais que a ciência física está tenteando o seu caminho para as regiões mais sutis do mundo, e a região etérica é a primeira a ser investigada. Mas qual é a diferença entre os métodos? Nenhuma diferença na observação, nenhuma diferença no esforço, nenhuma diferença no raciocínio sobre a observação feita. Uma diferença de aparelhos – eis tudo. O homem de ciência faz os seus aparelhos de vidro, ou metal, ou líquidos corados, ou outras coisas do mesmo gênero. Nós arranjamos os nossos aparelhos desenvolvendo em nós um sentido que está em evolução natural, e nós desenvolvemo-lo um pouco mais rapidamente do que a Natureza o pode fazer sem auxílio. Ora, isso estará por acaso fora da analogia da Natureza? A Natureza produz, no decurso normal da evolução, certas diferenças. A estas chama-se variações. Considerai-as no mundo vegetal. Século após século, milênio após milênio passam no lento decurso evolutivo que muda a forma de uma planta, de uma flor, de um fruto. O homem estuda as leis na Natureza, escolhe as suas flores, mistura artificialmente os seus elementos masculinos e femininos, escolhe os melhores resultados e repassa-os, e, no decurso de poucos anos, produz nas flores uma diferença que a Natureza, sem auxílio, levaria séculos a produzir, e, talvez, mesmo, nunca chegasse a produzir. Luther Burbank, na Califórnia, utilizou-se de uns cactos cobertos de espinhos, espinhos que os tornavam inúteis para alimento de gado ou do homem; fez experiências com eles, trabalhou constantemente, até que produziu o cacto sem espinhos, que serve para alimento do gado e que é um fruto bom. O que foi que ele fez? Utilizou o conhecimento que tinha das leis da Natureza, e dentro de alguns anos produziu o que a Natureza levaria séculos a conseguir e talvez nunca conseguisse, porque os espinhos servem para proteger a planta, e a natureza trabalha em proveito da planta e não do gado que poderia alimentar-se dela, assim destruindo-a . Por que é então que nós não poderemos fazer conosco e com os nossos corpos aquilo que todo o criador científico faz com o gado e com as plantas, empregando as leis da Natureza para conseguir o que desejamos? É com as mesmas forças que trabalhamos, são as mesmas leis que podemos aplicar; e aquilo a que neste país chamamos a ciência da *Yoga* não é mais do que a aplicação das leis do espírito à mais rápida evolução da consciência individual, caminhando com passos tão seguros no caminho da consciência, como o criador científico caminha no domínio do mundo físico da matéria.

Assim temos como imediatamente provável a possibilidade de desenvolver uma vista mais profunda e mais penetrante que a vista física, e quando um indivíduo desenvolve essa vista e começa a usá-la, vê os corpos mais sutis exatamente como vós vedes os corpos mais densos que vos cercam, e pela mesma razão. Não há nisso nada de mais maravilhoso, de mais sobrenatural, de mais para pasmar, do que há na visão ocular da matéria usual e dos objetos usuais, que apenas vos parece não ser para admirar, porque é tão universal. Se fosse rara, toda a gente lhe daria valor e a daria por maravilhosa. O que é comum perde o seu maravilhoso, tornase quotidiano e banal e contudo é talvez ainda mais maravilhoso porque é geral. Que possais ver-me não vos parece estranho, porque o tendes por vulgar; mas se eu vos disser: “Sim, podeis ver-me com os vossos olhos físicos e eu também vos posso ver dessa maneira, e posso também ver muito mais, grande parte da matéria onde vossos pensamentos se estão mostrando,” então pasmareis. E contudo isto é tão natural como a visão do físico, e nada há nisto que seja mais para maravilhar, nem isto é sobrenatural. É uma questão de evolução, natural ou artificialmente apressada, e não uma questão de milagre.

Ora, temos ao nosso dispor larga cópia de declarações de pessoas que empregaram e empregam esta visão. Já mencionei algumas, e há outras, e muitas mais haverá em dias futuros. Deixai que por um momento vos fale descritivamente, como falaria um homem de ciência, se vos estivesse falando de alguma descoberta química que houvesse feito. Digo-vos que tendes diversos invólucros de matéria formando os vossos corpos, e pertencendo aos diversos mundos onde estais vivendo todo o tempo. Os mundos para onde dizeis que ides depois de morrer, estais vivendo neles agora; o que vos falta é vê-los. Não vos sucede "ir" para qualquer ponto, necessariamente, quando passais para fora do corpo físico. Estais exatamente onde estivestes, mas usando um órgão de visão diferente daquele que usais no mundo físico; um órgão de visão que usais todas as noites, quando, ao dormir, abandonais o vosso corpo físico. E se, apesar do espírito crítico da nossa época tendes alguma coisa da humildade dos tempos antigos, e estais tão dispostos a aprender com os peritos superfísicos como o estais a aprender com os peritos físicos, então toda a vossa vida aumentará e tornar-se-á mais rica e mais inteligível pelo aumento de conhecimento que tereis.

Vejamos qual é o resultado da investigação por sentidos superiores, mas não mais maravilhosos, que os físicos. Não falo do duplo etérico – esse, agora, já entrou para a ciência vulgar. Consideremos o corpo a seguir, o corpo astral, no qual as emoções se mostram, aquele de que os vedantinos falam como sendo a parte inferior do *manomayakosha*; esse corpo em que as vossas emoções trabalham é o corpo em que viveis de noite quando dormis, em que vivereis quando passardes pela morte. Por esse corpo entrais em contato com os fenômenos desse mundo de depois da morte, e podeis examiná-lo, observá-lo, lembrá-lo quando acordais, e comparar as observações que tiverdes feito com as de outros, viajar através dele para observá-lo, para armazenar fatos, e para tentar compreender a significação deles; podeis também entrar em contato com os habitantes desse mundo, travar conhecimento com eles, observá-los, ver os seus usos e costumes, aprender a conversar com eles, ver os seus processos, e como olham para o seu mundo e talham as coisas que os cercam à semelhança das do mundo físico que recordam; assim podereis adquirir, em primeira mão, um conhecimento dos fenômenos e das condições que caracterizam esse outro mundo. Ora por certo que o conhecimento desse mundo vos será valioso, visto que para ali inevitavelmente ireis após a vossa morte.

Um outro valor que achareis, quando tiverdes desenvolvido em vós essa visão astral (como ela é chamada), é a diferença que faz no mundo que vos cerca na vossa vida quotidiana. Falei-vos outro dia da educação das crianças e das qualidades em gérmen nelas. Se desenvolverdes esta visão superior, podereis fazer evoluir esses gérmens, ou fazê-los atrofiar, notando os efeitos sobre a aura da criança das vossas virtudes e dos vossos defeitos, da vossa irritação, da vossa cólera, do vosso amor; todos os vossos sentimentos serão mais facilmente bem guiados se conseguirdes, com a vossa visão astral, ver os efeitos deles sobre a criança, e, estudando-a com esta visão, assim como com os vossos olhos físicos e a vossa razão, achareis qual a educação que será precisa para cada criança em especial; e assim não ireis dar em tantos becos sem saída em matéria de educação infantil. Considerai, depois, as vantagens da visão astral na doença. Quantos não são os médicos que já estão utilizando essa vista mais penetrante para o diagnóstico das doenças. Porque encontraram um meio de utilizá-la pelo hipnotismo. Produzem num indivíduo um estado de transe mesmérico ou hipnótico – pois que, não o esqueçais, a maioria das pessoas, quando em estado de transe, quando os sentidos físicos estão temporariamente cegos, podem ver astralmente. Ora estes homens de ciência europeus descobriram, pela observação dos fatos, que um indivíduo num transe hipnótico pode empregar um poder de visão que o habilita a ver o interior do corpo humano, e eles empregam esse poder de visão para o diagnóstico das doenças. Admito que eles não o chamam clarividência. Chamam-no autoscopia interna, quando o paciente hipnotizado olha para o seu próprio interior. Mas os nomes não importam. Eles não estão senão referindo-se ao mesmo velho sentido comum a que nós chamamos clarividência, visão astral. É a mesma coisa que está sendo empregada para diagnosticar doenças obscuras, e por vezes aquilo que se pode fazer pelos raios Roentgen pode ser conseguido por esta visão. Depois considerai, não o exame da pessoa doente, mas das emoções que se encontram em qualquer um de nós. Estas emoções revelam-se no corpo astral por diversas cores. Nada há nisso para estranhar, visto que em matéria sutil as vibrações devem produzir cor. Nada há para estranhar que as vibrações se revelem como um azul magnífico e outras cores assim. Mas quando conseguis ver isso, tendes com que guiar-vos ao tratar com o indivíduo, e com que possais auxiliá-lo mais eficazmente do que se não tivésseis esse auxílio. Vedes um indivíduo caminhando pela rua afora, e do escarlate vivo da sua aura sabeis que ele está zangado; quando o encontrais, estais pronto a emitir contra as suas vibrações escarlates as vibrações cor-de-rosa da afeição e da boa vontade, assim quebrando o efeito das suas vibrações violentas com as vossas vibrações de paciência e de suavidade; e, desta forma, pouco a pouco suavizais a sua cólera, em vez de a intensificardes permitindo a essas vibrações que se reproduzam no vosso corpo astral. Examinai esse ponto a sós convosco. Sabeis bem que às vezes, quando estais bem dispostos e um indivíduo zangado vem ter convosco, vos irritais sem razão, sem coisa alguma que saibais, para vos irritar. Estais perfeitamente bem dispostos. Então por que é que vos irritais quando ele se acerca de vós? É por causa do vosso corpo astral; esse corpo é posto em vibração violenta correspondente àquela causada pela sua irritabilidade. Essas vibrações produzem aquilo a que se chama vibrações simpáticas no vosso corpo astral, e estas originam em vós o estado de irritação. Logo que compreendais esta reação, podeis evitá-la, e empregar o vosso conhecimento para promover a paz e a harmonia; muita questão se evitaria, muita amizade deixaria de se quebrar, se possuísseis a visão clarividente e a empregásseis para este fim. Sei bem que muitos de vós aceitam e utilizam este ensinamento daqueles que podem *ver*; mas seguiríeis com passo mais firme se pudésseis, vós, observar essas perturbações emotivas, e ver também como elas se podem deter, contrariar e evitar.

Considerai agora as vantagens em outros mundos, as vantagens de poderdes ver o mundo astral e os amigos que a morte vos arrancou. Como é que isso afetaria a vossa vida? Há duas maneiras, parece-me, em que a visão astral pode ser útil em relação à morte. Em primeiro lugar, veem-se os resultados do mal praticado aqui e podeis ensinar os que estão neste mundo a evitar os males que causam infelicidade nesse outro mundo. Se vedes um alcoólico sofrendo no mundo astral por causa da sua terrível ânsia da bebida, não é verdade que é vantajoso poderdes dizer ao homem antes da morte: "Eis o que vos estais preparando na vida do outro lado; tendes que abandonar esse vício, e podeis fazê-lo agora muito mais facilmente, do que quando vos encontrardes na condição que descrevo, e nessa tereis por força de vos encontrardes, a não ser que vençais aqui essa ânsia." Não é verdade que é vantajoso poder dizer a um homem religioso que ouviu falar dos horrores sem nome de um inferno eterno: "Não há nada disso do outro lado da morte; o vosso terror é desnecessário; o vosso medo é como o medo que uma criança tem da escuridão. Não há demônio à vossa espera para vos agarrar; não há abismo sem fundo, no qual tenhais de cair." Podeis objetar-me: "Mas por que importar-vos com esses erros do indivíduo? Quando ele chegar ao outro lado verá que estava enganado." Porque os pensamentos de horror e de medo que tornaram-se parte da sua religião o envolvem em terríveis nuvens de medo do outro lado da morte, e, embora não haja razão para receio, embora não haja realmente diabo nenhum, ele sente, ainda assim, o terror da dúvida do que irá ver, de se de ali a momentos não estará caído nesse inferno sem fundo para onde dizem que ele irá, segundo a descrição física feita nas suas escrituras. Mal calculais o mal que têm feito as horríveis blasfêmias dos pregadores, que pintam estes quadros horrendos a respeito do outro lado da morte.

Falai a verdade, sim, ensinai que os vícios de um indivíduo o têm num domínio que lhe causará dor e apoquentação nesse outro mundo. Isso é razoável, racional, segundo a lei. Exatamente como um alcoólico fica com os nervos escangalhados no seu corpo físico, assim no outro lado da morte, tem o equivalente de nervos escangalhados no seu corpo astral, e este inferno verdadeiro, foi ele que o arranjou para si próprio. Se isto fosse conhecido, geralmente aceito, a maioria dos homens não construiria aqui um inferno para ali viver. Como podem os homens imaginar que o Coração de amor que emana de si um universo causa torturas por vingança ou por desejo de castigar? Se esse coração de Amor fosse compreendido, todo o horror dos sofrimentos mal-entendidos do outro lado seria levantado dos olhos e do espírito do homem. Se aprenderdes a viver deste lado da morte, podereis escapar ao sofrimento e encontrar alegria nesse outro mundo. Depois, a visão astral convence-vos de que não há morte no sentido em que se emprega a palavra, nem separação; vereis que não perdestes os vossos amigos, que poderíeis falar com eles, sentir com eles, viver com eles, visto que para vós a barreira da morte teria desaparecido.

É na verdade um mundo mais feliz esse para o qual a Natureza, pela evolução, nos vai gradualmente levando. Porque quando todos puderem ver, a morte recuará um estágio.

Podeis, ao menos, ter presentes as palavras daqueles que veem, que não deveis, por amor do amor, seguir com tristeza os vossos mortos, segui-los com dolorosa saudade; que eles vos cercam, que estão perto de vós, sentindo emoções e empatia, e que lhes causais sofrimento quando lamentais angustiadamente a sua morte; é egoísta, cruel, leviano, torná-los infelizes; porque eles não estão mortos, mas sim vivos e perto de vós. Há morte do corpo, mas não há morte das emoções e do espírito, e, por amor do amor, deveis fazer feliz o caminho deles do outro lado da morte.

E há ainda uma visão superior, uma visão do espírito, mental. Para essa abre-se um outro mundo. Ali se abrem diante de vós imensos campos de vida, de poder, de glória; e então, quando essa visão for vossa, podereis seguir os vossos mortos vivos até os reinos do mundo celestial, do *svarga,* para além da "terra do desejo" *(kamaloka),* que é o hábitat intermédio do homem. E ali, ainda, quando compreendeis esse mundo e as suas condições, muda com isso a vossa vida aqui, neste mundo; porque estais – mais ou menos – pensando sempre, construindo contínuas formas de pensamento; e estas formas levais convosco para o outro lado da morte. Por meio delas conheceis nesse mundo superior e celestial, por meio delas vedes, recebeis, compreendeis, e o vosso poder de adquirir conhecimento no céu é limitado e condicionado pelas formas que dia a dia e durante todo o dia estais criando no vosso pensamento. Quando sabeis e compreendeis isto, então começais a pôr em ordem a vossa casa do pensamento enquanto estais ainda no corpo; então cultivais corpo e alma, estudais a Arte e a Literatura, para que o vosso pensamento seja multimodo e tenha muitos sentidos, por assim dizer, pelos quais a vossa consciência possa operar no mundo celestial. Porque estais agora criando pelos vossos pensamentos o corpo que tereis que usar ali.

Todo o mundo muda com o conhecimento maior dos mundos e dos objetos invisíveis, e limitamo-nos, privamo-nos do nosso direito natural, de nascença, quando nos recusamos a abrir os olhos e a ver, e assim apressar a nossa evolução. Não posso dizer-vos, uma a uma, as muitas e quase incríveis vantagens que nos advêm de organizar os nossos corpos mais sutis, e do contato consequente, em que eles entram, com os mundos superiores a que pertencem. Mas poderei talvez concluir com uma imagem que talvez meditareis, e que talvez vos auxilie a compreender qualquer coisa da diferença entre um homem que é cego fora do mundo físico e um outro que *vê*. Fazei o vosso pensamento retroceder duzentos anos e ponderai como então os homens viviam as suas vidas. Considerai como um indivíduo que quase nunca saía da sua cidade, do seu país, e como os outros países lhe eram desconhecidos; como, se abandonava o lar para atravessar os mares, ia por toda a vida e ficava separado do resto da família; como os correios eram morosos, como a telegrafia e os vapores eram desconhecidos, como levava meses a atravessar distâncias que hoje se atravessam em algumas semanas. Que estreita era então a visão, que curiosa a incompreensão das outras nações, que limitada a compreensão do mundo! Comparai esse estado com a larga visão contemporânea do mundo; reparai nos meios de comunicação tão rápidos, e cada vez mais rápidos, com amigos afastados, com o correio, o telégrafo, e o telefone, que unem e aproximam os indivíduos de tal sorte que o vosso filho pode ir viajar ao redor do mundo, e vós nem um só dia estardes fora de comunicação com ele. Eis o que a ciência tem feito para o mundo físico; trouxe-vos o contato com toda a vossa herança da vida e permitiu-vos que vivêsseis uma vida mais vasta e ampla. O mesmo acontece com a ciência superfísica. Abre-nos outros mundos, assim como este mundo vos está aberto agora; e o homem vulgar comparado a um Ocultista é como o homem de há duzentos anos no seu mundo estreito, limitado, contraído, comparado com o homem de hoje; o Ocultista é como este homem, olhando para todo o mundo e compreendendo-o; considera os três mundos como a habitação do corpo, tendo-os dominado num curto espaço de tempo, indo adiante da evolução. Tal é o vosso direito, que tendes de nascença; falta apenas que o exijais; mas lembrai-vos de que o progresso só se pode conseguir pelo esforço de toda a alma, e que sem trabalho nada se pode conseguir.

Quarta Conferência

O Homem Perfeito

Há muitos milhares de anos soou na Índia uma sentença tão aplicável hoje como naqueles dias remotos, à qual é tão necessário responder hoje como naquele passado longínquo: "Acordai, erguei-vos, procurai os grandes Mestres e
atendei". É essa a mensagem que a Sociedade Teosófica repete, esse tem sido o seu dever – reabrir o Caminho antigo, reabrir o caminho até a antiga Porta, dizer aos homens como podem atingir a estatura do Homem Perfeito, e crescer até chegar a plena medida da estatura do Senhor.[35] Durante muitos séculos o mundo ficou sem sinal que apontasse o atalho que conduz àquele antigo Caminho. "Estreito é o Caminho", antigamente se disse, "como o fio de uma navalha". "Pequena é a porta e estreito é o caminho[36]" tornou a proclamar o Cristo, "que conduz à vida, e poucos há que o encontrem". Durante todos estes séculos o caminho não esteve verdadeiramente vedado; a Porta da Iniciação sempre esteve aberta ante aqueles que soubessem bater a essa porta; e nunca deixou de ser verdadeiro: "Batei, e abrir-vos-á; procurai e encontra-

[35] *Efésios* 4:13 (N. ed. bras.)
[36] *Mateus* 7:14. (N. ed. bras.)

reis"[37]. Mas nos dias das eras antigas, quando o espírito discipular estava mais espalhado entre os homens, quando, como na Índia antiga, os grandes Mestres vinham de tempo em tempo viver no país, visitando as Cortes dos Reis, trilhando os caminhos dos simples, demorando-se um espaço em florestas onde os discípulos juntavam-se a Eles e aprendiam, nesses dias em que o espírito discipular estava muito espalhado, os homens compreendiam que, ainda que a terra tivesse que nos exigir, ainda que a nossa vida terrena também tivesse os seus deveres e obrigações, ainda que os homens tivessem que passar pelos estágios de estudante e chefe de família, a vida humana ainda não estava completa mesmo quando esses estágios tinham sido sabiamente vividos, trilhados e bem trilhados. O velho sistema de *Ashramas* aqui, como em outras terras, apontava nitidamente o fato de que os últimos anos de vida de um homem devem ser passados longe do lar, chegando à vida superior e aos seus deveres quando a inferior tivesse pago a sua dívida, e de que a vida devia acabar naquela perfeita renúncia que deixava um homem em liberdade para servir a sua raça, visto que nada mais para si pedia à terra. E, se bem que talvez o ideal não fosse nunca inteiramente realizado, ainda assim ficou como um ideal.

Assim, também, no mundo ocidental, e no próximo Oriente, no Egito, na Grécia, em Roma, ali também havia a referência permanente à vida mais elevada e mais nobre, a vida de serviço e de Iniciação; porque naquilo a que se chamava os Mistérios, os homens aprendiam os segredos da vida e da morte, aprendiam a realidade da imortalidade, aprendiam que o homem é uma inteligência espiritual habitando um corpo terreno, e que a perfeição estava ao alcance daquele que era suficientemente hábil para conhecer, suficientemente forte para agir, suficientemente audaz para ousar, suficientemente discreto para guardar silêncio. Nesses dias os Mistérios

---

[37] *Mateus* 7:7. (N. ed. bras.)

tinham os seus discípulos, buscava-se a perfeição, atingia-se a perfeição. Quando volvemos os olhos para os estágios discipulares no Egito, para os estágios semelhantes na Grécia, lá vemos o Caminho nitidamente marcado, a Porta da Iniciação nitidamente apontada. Não estava escrito que depois do homem ter aprendido as virtudes cívicas, depois de se ter purificado do mal e ter aprendido a trilhar a senda do bem – tendo-se tornado o homem bom, o que era o passo preliminar essencial – , não se declarava então que o homem bom se tornava um Deus, Deus manifestado, visto que Ele sempre antes estivera presente latentemente na vida corpórea?

Foi apenas há poucos séculos que o último dos Mistérios exteriores foi retirado da vista humana – em tempo bem histórico, dentro da era cristã; e a razão, por que foi retirado, foi simplesmente a falta de discípulos. É sempre essa a razão da falta do verdadeiro conhecimento. Nunca é a má vontade dos Mestres, mas sempre a pouca vontade de se aprender. E nisso nada há de espantoso, nada de lamentável, nada que deva perturbar-nos. Porque a evolução humana é uma senda compridíssima, e a totalidade dos homens tem de trilhá-la inteiramente, desenvolvendo uma faculdade após outra; provavelmente o espírito concreto do homem não poderia ter atingido a sua evolução completa, se durante certo tempo não se tivesse deixado cair o véu sobre as verdades eternas, se não tivessem ficado apenas as formas e as doutrinas exteriores da religião para o ensinamento do mundo ocidental.

Disse que o Caminho não estava fechado, porque certas pessoas o trilharam individualmente, e um ou outro, aqui e ali, conseguia segui-lo até onde queria; mas com o fechamento dos Mistérios como instituições reconhecidas, desapareceu a última indicação pública que, por assim dizer, apontasse para aquele grande Caminho da santidade que leva à perfeição humana. Aqui, no Oriente, sobreviveu a tradição do verdadeiro Guru, e aqui e ali estudantes convictos encontraram os seus Mestres, buscaram-nos, com serviço paciente, com esforço perseverante, até que um aqui, outro ali, tornou a achar o Caminho antigo, e, trilhando-o, chegou à perfeição.

Mas não foi senão quando se fundou a Sociedade Teosófica, que tornou a soar aos ouvidos descuidados do mundo aquele grito que comecei por citar: "Acordai, erguei-vos, procurai os grandes Mestres e atendei". Durante todo este tempo houvera sociedades secretas, tanto no Oriente como no Ocidente. Elas tinham as formas menos elevadas de Iniciação, e, partindo destas, uma após outra avançava pelo Caminho superior. Mas essas sociedades secretas eram difíceis de achar, e difícil entrar para elas. E, ainda que de vez em quando encontremos vestígios delas, ainda que de vez em quando vejamos um nome que nos segreda de uma realidade, do valor do serviço, contudo a massa do povo nada sabe dessas sociedades. Apenas uma tradição exterior restara, uma casca externa de aspecto dramático e de simbolismo sem a realidade subjacente, essa Fraternidade da Maçonaria que remonta a séculos passados e é a última sobrevivência dos antigos Mistérios. Ela é em símbolo, mas não em conhecimento, em formas externas mas não em íntima essência, um testemunho constante da realidade dos grandes Mistérios do passado, segredando coisas que aqueles que as pronunciam mal percebem, mas que, aos ouvidos do conhecedor, revelam a sua origem e mostram o que é que se pretende conservar.

Mas quando a Fraternidade Branca mandou a sua mensageira, a grande discípula, Helena Petrovna Blavatsky, que tanto tempo e tão nobremente trabalhara a serviço do seu Mestre; quando ela, por sua vez, encontrou outro do grupo antigo, Henry Steel Olcott, e juntou mãos com ele no grande trabalho de fundar no mundo uma Sociedade, que se destacava como mandatária da Fraternidade Branca e reproclamava a Gnose em face do agnosticismo triunfante dos últimos tempos do século dezenove; quando na Europa apontava os antigos Mistérios Herméticos, quando na Índia apontava o antigo *Brahmavidya;* quando dentro de si fundava a sua Seção Esotérica[38]; então tornou a soar o velho grito: "Acordai, erguei-vos, procurai os Grandes Mestres e atendei". Porque novamente se proclamou a realidade dos Mestres; outra vez se anunciou o fato de que se podiam encontrá-los; outra vez se apontou a porta exterior para além da qual está o caminho que conduz à interior; de modo que outra vez se apontou, sem dúvidas, sem hesitações, o Caminho estreito e antigo. Desde esse dia alguns têm entrado para o Recinto externo, têm passado para o Recinto interno do Templo, avançando sempre até que hajam chegado ao Sacrário, onde os Mestres estão para dar a Iniciação antiga; agora outra vez, clara e definidamente, há entre nós testemunhas da realidade desses Mistérios, porque neles foram iniciados, e sabem onde eles se celebram; estivemos lá e falamos, numa voz que não hesita, em termos claros e precisos; dizemos-vos: "Os Mistérios existem, e sabemos que existem, podemos falar-vos deles. Eles não existem porque nós sabemos que eles existem, mas porque os Mestres existem sempre, e estão prontos a aceitar discípulos; o que vos dizemos, sabemo-lo não de o ouvir mas de o conhecer, não porque nô-lo dissessem, mas pela nossa ex-

---

[38] "Há uma Escola Esotérica ligada à Sociedade Teosófica na qual podem ingressar, se assim o desejarem, aqueles que tenham sido membros da Sociedade por um certo tempo, preenchendo as condições requeridas. A Escola Esotérica existe para os que desejam viver verdadeiramente a vida teosófica, e não apenas estudar teosofia e assuntos correlatos. A Sabedoria vem para aqueles cujas mentes são capazes de recebê-la. Os membros da Escola Esotérica preparam-se para uma vida de pureza e autodisciplina para tornarem-se dignos de receber a Sabedoria. Ninguém, na Sociedade Teosófica, tem a obrigação de ingressar no Caminho de Virtude e Altruísmo que leva à Sabedoria e à Verdade. Mas aqueles que estão na Escola Esotérica voluntariamente aceitam as sérias obrigações dos que querem trilhar o Caminho". (BURNIER, R. *A Sociedade Teosófica Hoje.* S. Paulo, Soc. Teosófica no Br., 1984, p. 185). (N. ed. bras.)

periência pessoal". É este o testemunho que H. P. B. me disse que trouxesse perante o mundo incrédulo: "Ide", disse-me ela, "e declarai que sois uma discípula iniciada, ainda que não vos acreditem, para que façais o vosso testemunho das verdades eternas que conhecemos". E, por causa disso, nunca hesitei em falar, ainda que zombassem de mim e me ridicularizassem; é preciso que alguns falem e arquem com o ridículo, para que aqueles que hoje nascem no mundo, e conheceram no passado estas verdades, ouçam, claramente dita, a chamada que, feita aos seus novos corpos, neles acordará o conhecimento daquele passado; o que é necessário para que se prepare o caminho para o Grande Mestre, cujo pé está já no limiar da porta que se vai abrir. Por isso é que a senda dos antigos Mistérios se tornou a abrir, por isso foi feita novamente a antiga chamada, lançado o antigo grito, e agora, como antigamente, a entrada para o caminho se vê no mundo exterior. É apenas a entrada que leva ao Recinto exterior que está patente aos olhos dos homens.

Quais são as credenciais para passar aquela Porta exterior? Qual o fim com que se pode querer passá-la? Porque esta senda não oferece nenhum dos prêmios que os homens buscam e desejam. Não oferece os louvores humanos, mas antes o escárnio e o ridículo dos outros. Não oferece riqueza, nem posição, nem fama, mas antes envolve falência, dificuldades e trabalhos. Em que é, então, que aos homens convém estar pronto a pôr de parte os prêmios terrenos, buscando uma meta que não tem atrativos aos olhos do mundo? Podeis saber a razão se relembrardes aquelas palavras de Shri Krishna, em que Ele recomendou a abstinência como uma das preparações para a vida superior. Porque Ele declara que "os objetos dos sentidos afastam-se do habitador abstêmio do corpo"[39], e que mesmo o desejo deles desaparece quando se vê o Supremo, o Eterno. Eis a razão. A glória do Ser, a majestade dele, quando, ainda que um só momento vislumbrou o Eterno, tudo o que o mundo pode oferecer se torna uma bolha de sabão, que uma criança lança para se divertir; a felicidade uma mera ninharia, como os objetos brilhantes com que uma pequenina se adorna.

Mas por que é que, se não há valor nessas coisas os homens continuam a buscá-las e a colhê-las? Quando adquiris riqueza, ficais aborrecidos no meio do vosso ouro; quando ganhais fama, ficais isolados, e o vosso coração insatisfeito; quando conseguis ter poder, sois objeto de inveja e de ciúme, e aqueles, a quem quereis ajudar, recebem o vosso auxílio desconfiadamente; na verdade, por detrás de cada flor da terra está "uma serpente enrolada", e, à medida que a flor vai fanando, vão vendo que estão vazias as mãos que julgaram possuir um prêmio. Perante a beleza enorme do Um, perante o esplendor do Eterno, o temporal perde a sua atração, e a grande ilusão o seu poder de iludir.

Suponde, pois, que um de vós ainda vivendo neste mundo teve esse vislumbre passageiro da glória do Ser, suponde que vos sentis um pouco cansados desses prêmios terrenos, suponde que esta vida se tornou vazia para vós, com aquele bendito vácuo que tem quando vista do seu lado superior, mas tão desolador enquanto esse lado superior não é conhecido. Que tendes a fazer para entrardes para a Porta exterior, para vos tornardes candidato a trilhar o Caminho estreito e antigo? A maneira de bater a essa Porta exterior é o Serviço dos vossos semelhantes. É essa a pancada que acorda o guarda dessa Porta; é essa a Palavra de Poder que faz com que ele vô-la abra. Dizeis-me: "Mas então a oração, a meditação, mas

---

[39] *Bhagavad-Gitā,* II-59. (N. ed. bras.)

então os ritos e os cerimoniais da religião, mas então a floresta, e a caverna, e a vida de renúncia" – o que é feito delas? Falais de serviço, mas isso tem de ser feito no mundo exterior; isso toma tempo, pensamento e energia. Como pode o serviço ser o método, quando o serviço tem de ser feito entre os homens? É certo, e contudo o método é esse. Aqueles a quem nós chamamos Mestres não repousam felizes em indolência e descanso porque ganharam a libertação. Trabalham constantemente para o mundo que deixaram. Trabalham constantemente para o bem das massas humanas. Tentam constantemente aliviar o duro fardo que pesa sobre as nações, e guiá-las no caminho da paz. Por que tomam Eles discípulos, por que se apoquentam Eles com discípulos, discípulos tão fracos, volúveis, indiferentes e pequenos como somos? Porque veem em nós a possibilidade de auxiliar os outros, de servir à humanidade. Torno a citar-vos um verso da *Canção do Senhor*:[40] "Os nossos maiores, buscando a libertação, atendiam ao bem-estar do povo". Isto tem sido demasiado esquecido pelas religiões exotéricas do mundo. É o cuidar do bem-estar do povo, o trazer força aos fracos e dar auxílio aos que o precisam – é *isso* que é a pancada que ressoa pelos Recintos do Templo, e faz dizer aos que ali habitam: "Escutai, alguém está batendo à porta".

E essa velha lição, tão esquecida, tem-se revelado verdadeira na nossa Sociedade Teosófica. Temos muitos membros que são muito bons. As suas vidas são suaves, pacientes, com autocontrole e consideração pelos outros; são gente que quotidianamente se curva em homenagem perante o Supremo, e passa horas de meditação, buscando elevar o espírito até o Eterno. E contudo, ano após ano, parecem progredir tão pouco; ano após ano, parecem não avançar mais um passo no caminho difícil; resistem às tentações da carne, não se preocupam com as ninharias do mundo, mas, para empregar o

---

[40] *Bhagavad-Gitā.* (N. ed. bras.)

termo militar, "marcam passo" em vez de marchar para a frente. Conheço-os às dúzias, quase às centenas. E outros que muitas vezes empregam bem pouco a oração e bem pouco a meditação, mas que esqueceram a si próprios no Serviço, estes avançam e chegam aos pés do Mestre. É essa a lição que tendes todos que aprender, todos vós que desejais chegar até a Porta, e bater de modo que vos abram; perguntai-vos todas as noites: "Que fiz eu hoje para o bem dos outros? " Não vos pergunteis: "Estou progredindo?" Não vos pergunteis: "Sou ou não melhor do que era há uns anos, há um ano ou dois?" Não estejais continuamente a arrancar a planta da vossa vida para ver se ela está crescendo, como faria uma criança, que lançou à terra uma semente; com tudo isso não fazeis senão andar na circunferência de um círculo do qual vós sois o centro, e desse modo nunca vos libertareis. Podeis dar voltas e mais voltas até que vos canseis e fiqueis tontos, mas não tereis avançado; enquanto vos colocardes no meio e correrdes ao redor de vós próprios, não estareis avançando. Começai, pois, por vos esquecerdes de vós, todos quantos desejais entrar para o Caminho. Olhai em vossa volta, pelo meio em que estais vivendo, e perguntai-vos: "Que posso eu fazer em serviço dos outros?" Eis a pergunta que acordará em vós o espírito do Serviço, que encontrará o seu caminho até a Porta. Na nossa sociedade Os Filhos da Índia, aqueles que entram para ela, têm de se obrigar a fazer pelo menos um ato de serviço por dia, e o resultado é que, passado algum tempo, todo o pensamento está naturalmente inclinado ao Serviço, à dedicação, e a vida inteira se torna um ato de Serviço para com a humanidade. É *aí* que está a entrada para o Caminho. No esquecimento de si próprio, no esforço por servir, na tentativa contínua de melhorar o meio que vos cerca e partilhar o que tendes de bondade e de conhecimento com todos com que entreis em contato durante o dia. Isto é uma verdade simples e comum, mas nela reside a alma da libertação. Porque quando o Mestre olha por sobre o grande deserto das trevas do mundo, buscando uma luz onde os seus olhos descansem, quando vê a chama do Serviço acesa num coração humano, o Seu olhar demora-se sobre essa pequenina chama, e vê nela a possibilidade de que aumente; então derrama para dentro dessa lâmpada o azeite do auxílio, e a chama cresce, torna-se mais luminosa, até que mostra o caminho até os Seus pés. E se desejais servir aos Mestres, que servem por sua vez aos Seus Mestres, que, conquanto sejam os Irmãos mais velhos, são também os servos, da humanidade, então fazei por compreender a verdade daquela grande sentença: "Que aquele que é o primeiro de vós seja como aquele que serve". Porque só seguindo essa senda de Serviço podereis chegar ao Recinto exterior. Se ainda me perguntardes: "Por quê?" Responder-vos-ei: "Porque o trabalho dos Mestres é muito pesado, e Eles precisam de quem os auxilie; porque eles têm bênçãos a distribuir e precisam de canais por onde elas corram; quando encontram um homem de Serviço, que procura animar os outros com o seu pensamento e a sua força, então derramam estas para dentro dele, e dele elas se derramam sobre a humanidade". Deitai fora, pois, os vossos sonhos; deitai fora essa vida vazia e inútil que deixa o mundo exatamente como o encontrastes e não deixa sinal nele. Acordai para a necessidade de servir; fortalecei-vos para poderdes auxiliar os vossos semelhantes; e então os vossos olhos se abrirão e encontrareis o Mestre a vossos pés. E talvez no pobre a quem auxiliastes, talvez no desgraçado a quem protegestes, vereis brilhar a face do eterno Mestre; não disse o Cristo uma vez àqueles que tinham dado de comer e de vestir aos Seus pobres: "Por isso que o fizestes a um dos mais humildes destes meus irmãos, é a mim que o fizestes?" É esse o primeiro passo.

Chegastes pois, por meio do Serviço, ao Portão exterior, batestes à Porta exterior; ela abre-se-vos e com ela a primeira parte do Caminho destinado, que conduz à primeira das grandes Iniciações, estende-se diante de vossos pés desejosos de trilhá-lo. Quereis trilhá-lo? Ah! então para trilhá-lo não posso dar-vos melhor conselho do que este: tomai, lede e *vivei* aquele maravilhoso livrinho[41] que o meu Irmão mais novo Krishnamurti vos deu na última Convenção. Num ano esse livrinho passou por vinte e sete edições em várias partes do mundo, e isso mostra quão sedentos os homens estão do conhecimento que os habilita a viver a vida superior. Ele é tão simples que uma criança pode compreendê-lo, tão profundo que, se for vivido, conduz à Porta da Iniciação. Mas tendes de vivê-lo. E aí esta a vossa dificuldade. Há tão pouca gente que seja seriamente persistente! Há tão pouca gente que, quando vê uma coisa que deseja, tenha a força precisa para *querer*, de modo que possa consegui-la! Desejais isso? Sim, desejai-lo agora, e, quando sairdes daqui, desejareis outra coisa qualquer. Essa espécie de desejo não pode levar-vos longe. Pensais em atingir um Ideal belo. Sim, é um Ideal belo, mas um Ideal não vos transformará na sua imagem se não o assimilardes e reproduzirdes. O que precisais é de uma vontade forte. Os desejos bruxuleantes que atravessam o espírito, os pensamentos bruxuleantes que passam pelo cérebro, esses não levam ninguém a parte nenhuma. Se não podeis viver aquela vida, se não vos tornais um pouco melhores do que éreis, é porque não aprendestes a pensar do modo que pode criar o que quiserdes. Não aprendestes isso. E por isso tendes que fortalecer o vosso poder de pensamento e de vontade, e tendes que desejar bem. Porque o pensamento amadurecido, e o desejo amadurecido – são essas as duas asas com as quais podeis subir e atingir a meta que buscais; e nenhum livro vos auxiliará, nenhuma palavra vos inspirará, nenhum pensador ou orador vos animará, a não ser que tenhais em vós a vontade de ferro e o cérebro do pensamento do criador. Só então

---

[41] *Aos Pés do Mestre*. Brasília, Ed. Teosófica, 2000. (N. ed. bras.)

pelo pensamento e pela vontade, podereis realizar aquilo a que aspirais.

Suponhamos, pois, que, tendo servido nobremente e entrado para os primeiros estágios, tendo pensado, querido e agido sabiamente, chegais defronte da primeira grande Porta. Antes que ali tenhais chegado, já um Mestre vos terá encontrado, já terá tomado à sua conta o guiar-vos.

Há quem pergunte, às vezes: "Mas não posso eu conseguir isso sem um Mestre?" Por certo que podeis obter a libertação sem um Mestre, se é isso tudo o que quereis. Mas não podeis trilhar sem um Mestre o Caminho estreito e antigo. Lembrai-vos decerto que ao citar essa direção antiga, terminei com as palavras: "Procurai os grandes Mestres e atendei, porque o Caminho é estreito como o fio de uma navalha." Podeis construir, sozinho, toda a ciência matemática, desde o princípio se para isso tendes a precisa habilidade; mas pouco tereis avançado mesmo nos fundamentos dessa ciência quando a morte vos retira o corpo. Não tendes tempo. Por que é que nasceis vez após vez, se não é para que tenhais a vantagem das experiências anteriores e dos resultados dos estudos dos mais sábios humanos? Desajuizado e arrogante como o rapaz que se recusasse a ter um professor, que se recusasse a ler um livro, que dissesse: "Construirei, por mim, a matemática, a biologia e a botânica. Por que não posso eu aprender tudo sozinho?" Desajuizado e arrogante como esse rapaz é aquele que, na Ciência das ciências, a construção da perfeição humana, rejeita as mãos que se estendem para auxiliá-lo, e insiste em trilhar o Caminho estreito como o fio de uma navalha sem alguém que guie os seus passos acertadamente, sem uma mão de pai que equilibre os seus passos cambaleantes. E assim quando, tendo o indivíduo vivido esse livrinho, tendo-o integrado no seu caráter, enredado, por assim dizer, as Qualificações que tão bem conheceis nas fibras do seu íntimo ser, quando, vestido na veste branca das Qualificações ele chega à grande festa nupcial, como alegoricamente se chamou, então, ao aproximar-se ele da Porta, um Mestre destaca-se da Grande Fraternidade Branca e estende-lhe uma mão de bênção, e toma a seu cargo o jovem discípulo. Só um Mestre pode fazer isso. Nós mesmos, que somos discípulos, podemos apenas apontar o caminho que trilhamos, comunicar as indicações que nos deram e que tentamos executar; mas só Um que atingiu Ele próprio a perfeição pode tomar a Seu cargo o aperfeiçoamento do Seu semelhante. Nós não passamos de auxiliares mais novos, trabalhando nos Recintos exterior e interior na tarefa da preparação; a entrada para o Sacrário está nas mãos d'Eles apenas.

Mas não receeis que um Mestre não vos encontre, Eles estão mais desejosos de encontrar um discípulo do que um discípulo de encontrar um Mestre. Porque Eles conhecem a grande necessidade do mundo. Conhecem a necessidade constante de auxílio à terra triste e angustiada, e cada um que d'Eles se aproxima com o combustível de sacrifício, o Serviço, em sua mão, e a um d'Eles diz: "Sou o Vosso discípulo, ensinai-me", é aceito com a alegria que é a alegria do Mestre, a mais perfeita das alegrias da terra. A humanidade conhece a alegria de uma mãe com o seu primeiro filho, e chama-a a mais perfeita alegria que há na terra. Mas essa é a débil representação sobre a nossa terra da alegria do Mestre, que encontrou um discípulo disposto a ser ensinado, um filho digno da família.

E assim, um desses grandes Mestres surge, e, com surpresa, espanto e alegria, vedes que o conheceis há séculos, que Ele não é nenhum estranho, nenhum recém-chegado, ninguém que não conheçais, mas o vosso amigo mais próximo, o vosso maior amigo durante a fila de centenas de vidas. E esse reconhecimento, pelo discípulo, do seu Mestre, que raia, por assim dizer, quando o véu cai dos olhos e a face bem-amada é vista – essa alegria do discípulo é conhecida apenas do discípulo. Nada se pode dizer a esse respeito; é preciso senti-la para compreendê-la.

Os últimos passos sobre a estrada da provação são dados sob a guarda e a direção do Mestre; e então Aquele que é o guia, Aquele que é o amparo, bate à grande Porta com o Seu discípulo atrás de Si, e de dentro e de cima brilha o grande sinal perante o qual a Porta se abre, e o Mestre e o Seu discípulo passam juntos o limiar. Então vem a maravilha da primeira grande Iniciação, o abrir dos olhos que antes estavam cegos, a entrega da chave do conhecimento, com a qual o discípulo tem de ir buscar alguns dos grandes tesouros que nenhuns, salvo os Iniciados, conhecem, para que neles encontre os dons que têm de levar para o mundo que espera. Através de cada um que se torna um Iniciado, corre uma torrente de bênçãos por sobre o mundo; porque ela sai pela porta que ele abriu e dá para o Sacrário do Templo. E então adiante dele se estende o Caminho superior, mas agora de Serviço mais completo, mais pleno do que antes. Porque agora o seu poder maior é consagrado ao auxílio da humanidade; ele tem novos conhecimentos a empregar para instrução dos ignorantes; porque com o aumento de poder lhe vem o aumento de habilidade. Porque uma luz mais brilhante – uma luz para aqueles que estavam nas trevas e na sombra da morte – é por ele vista; adiante dele está a segunda grande Porta; depois é passada a segunda e fica para trás, e ele prossegue ainda, sempre avançando; e a terceira Porta então se abre, e ele continua para a frente. Então, além de um grande abismo, ele vê brilhar a quarta Porta, e esse abismo ele tem de atravessar antes que possa vir a ser o *Arhat;* essa Porta marca o fim da reencarnação obrigatória; passá-la dá-lhe o direito de escolher o seu caminho futuro, quer seguindo a sua via no mundo superior, quer obtendo a perfeição mesmo na nossa terra física. Aquele que quiser tornar-se um Mestre da Compaixão escolhe o segundo destes caminhos, e torna a renascer. Quando ele está defronte dessa grande Porta, disse eu que há entre ele e ela um grande abismo. Que abismo é esse? É o abismo tipificado no drama cristão pela Paixão e Crucificação do Cristo. É o abismo da dor e da perseguição, da quebra de todos os laços terrenos, daquele momento de solidão terrível quando "todos o abandonaram e fugiram." Então, sozinho, vestido apenas da força do Espírito, despido de tudo quanto a terra pode dar ou ter, ele segue desacompanhado, aparentemente sem auxílio, atravessando esse abismo enorme; e, a não ser que consiga atravessá-lo por sobre essa estreita ponte, que muitas das religiões tipificam, ele não poderá chegar à Porta, terá de tentar e tornar a tentá-lo. Alguns a atravessaram, alguns passaram por esse caminho; porque além da Paixão e além da Crucificação está a Ressurreição e a Ascensão, que os tornou Senhores da Vida e da Morte. Grande é a mágoa e amarga é a dor, vasto o abismo e difícil a passagem; mas pode ser atravessado pelo homem que compreende o Eterno, e que sabe que nada que a terra possa fazer pode abalar a serenidade que está fixa sobre o rochedo do Eterno. E assim ele passa por essa Porta e fica na terra para ajudar, servir e abençoar. Não ainda inteiramente perfeito; as memórias do passado ainda estão presas a ele, porque ele tem que quebrar ainda cinco cadeias que prendem mesmo o *Arhat* à terra. E, uma após a outra, ele quebra os seus elos; uma a uma as deita fora, porque os seus elos se tornam cada vez mais fracos, até que se encontra ante a quinta grande Porta, a passagem que cria o Mestre, aquela que é tipificada pelo Cristo ressurrecto e ascendido, morto para as coisas da terra. E então a última Porta se abre; então está vencida a morte; então a Sua vida lhe pertence e Ele ergue-se na plenitude do Espírito eterno, Dominador da matéria que se tornou a Sua escrava, para que Ele possa auxiliar. Ele não deixa nossa terra, Ele não abandona o corpo, mas sofre o fardo da carne para nos auxiliar. Ele é o Mestre da Compaixão e da Sabedoria sobre quem os nossos olhos estão fitos. Ele fica para beneficiar o Seu mundo que espera; fica para trabalhar nesse Serviço superior; fica para escolher da humanidade aqueles que estão dispostos a trilhar a senda que Ele trilhou e a juntar as Suas mãos às d'Ele na redenção do mundo. Eis o Homem Perfeito, a humanidade deificada, tornada uma com Deus, e portanto mais completamente uma com o homem. Porque só podemos chegar ao mais alto ao chegarmos também ao mais baixo. Uma mão sobre o Deus glorificado e outra estendida em auxílio ao mais desgraçado aos nossos pés. Essa é a única Fraternidade verdadeira, a única Fraternidade completa e perfeita. Se temos de ser um com o mais alto, temos de ser um com o mais baixo também, para que o Deus em nós clame para o Deus nele: "Irmão, vinde comigo, e ajudar-vos-ei no vosso caminho; o que sois, eu já fui; o que hoje sou, um dia o sereis." Porque a perfeição não é o prêmio numa corrida em que os homens concorram para ganhar; é um prêmio que pertence a cada um de nós mais cedo ou mais tarde, antes ou depois, conforme a nossa vontade e o nosso esforço; mas certa tanto para vós como para mim é aquela perfeição que hoje brilha acima das nossas cabeças. Nós também a obteremos, nós também dela partilharemos; e então a uma humanidade mais nova, infantil, traremos a força da divindade consciente, e alimentá-la-emos com o pão da vida.

Apêndice I

A Fraternidade Aplicada às Condições Sociais[42]

Amigos: Eu desejo tratar esta noite sobre a questão do princípio da Fraternidade enquanto aplicado à vida humana; como podemos usá-lo para resolver alguns dos problemas que encontramos ao nosso redor no momento presente, como podemos usá-lo para tornar possível a transição de um estágio da civilização para outro, de modo que a transição possa transcorrer em paz e boa vontade, e desse modo possa ser duradoura, em vez de em ódio e revolução, que somente pode significar um breve período da nova ordem e então um outro conflito de prolongada má vontade e miséria.

Mas se a Fraternidade deve ser aplicada à solução de nossas dificuldades, a primeira coisa que é necessária é tentar compreender o que se entende por Fraternidade, e o que ela implica. Ora, Fraternidade de nenhuma maneira implica aquilo que se chama igualdade; pois exatamente como vós achais Fraternidade na Natureza, assim vós não achais igualdade; de fato, o próprio nome Fraternidade conduz nossos pensamentos para a constituição da família, implica imediatamente a diferença entre os mais velhos e os mais jovens, entre os mais sábios e os mais ignorantes, os que os guiam, e os que obedecem, de tal modo que se o homem visa a uma sociedade na

---

[42] BESANT, Annie. *The Changing World.* Londres, *The Theosophical Publishing Society,* 1910, pp. 75-102. (N. ed. bras.)

qual a igualdade deva ser o lema, então o princípio da Fraternidade deve ser inteiramente deixado de lado. A desvantagem de acolherdes o grito de guerra da igualdade para tentar construir um sistema social, ou mesmo para lutar numa batalha social, é que a lei natural está contra vós, e que vós estais lidando com uma ficção, não com um fato. Não há nada mais óbvio por todo o reino da Natureza do que as diferenças da qual a ordem natural consiste; e se desconsiderardes a mais vasta ordem dos vários graus dos seres vivos, e considerardes apenas o estudo do homem, lá o mesmo princípio da diferença está afirmando-se perpetuamente. Não é a diferença de idade que sempre surge na questão de uma família; é a diferença de capacidade, de poder, de características, de qualificações. Que tipo de igualdade é possível entre o homem forte e saudável e o aleijado ou o inválido? Que tipo de igualdade pode haver entre o homem com visão e o cego? Entre o homem com dotes de gênio e o homem que é oprimido pelo embotamento e pela estupidez? A diferença é a lei da natureza, não a igualdade, e não há utilidade em tentar construir um sistema social sobre o qual existe somente uma ficção, pensada no estudo de doutrinários, mas quebrando-se no mesmo momento em que é aplicada à vida humana. Aquela famosa declaração da República Americana: "O homem nasce livre" – e nesta liberdade baseando a igualdade – é negada por cada fato da vida humana. O homem nasce um bebê desamparado e dependente; e se o bebê fosse deixado ao sabor da liberdade, ele teria uma chance muito pequena de crescer até a juventude e a maturidade. Um bebê não nasce livre, mas dependente de todos aqueles ao seu redor para a possível continuidade de sua vida; e se ele não tivesse nascido dentro de um sistema de afeição e obrigação, não haveria chance para o bebê humano sobreviver às primeiras horas de sua infância.

Fraternidade e Hierarquia

É um fato notável, cheio de significado, que as duas sociedades no mundo que reconhecem a Fraternidade Universal também reconhecem uma ordem hierárquica. Tomai a grande fraternidade de Maçons. Eles afirmam o princípio da Fraternidade Universal sobre toda a superfície do globo, mas não há nada mais rígido em sua ordem e na autoridade consignada aos oficiais do que uma Loja Maçônica[43]. A hierarquia lá é reconhecida como a própria condição da liberdade. Se considerais aquela proclamação de Fraternidade Universal para a Sociedade Teosófica, exatamente a mesma coisa é vista. Lá vós tendes o reconhecimento de uma hierarquia que guia os destinos da humanidade e preside o crescimento evolutivo do homem – uma poderosa hierarquia, onde somente a sabedoria dá o direito de governar, e onde os comandos de sabedoria são alegremente executados pelos menos sábios, que reconhecem a autoridade daqueles mais sábios do que eles. E essa, na verdade, é a condição de liberdade. Pois sem essa ordem hierárquica, onde a sabedoria governa e a ignorância obedece, não há possibilidade de que qualquer coisa seja merecedora de ser chamada de liberdade. Como eu quero afirmar-vos a conclusão do que tenho para dizer esta noite, nós nunca até agora vimos liberdade sobre a terra fora das linhas desta grande hierarquia humana; nós somente vimos o gover-

---

[43] O Sistema de Parlamentarismo Escalonado proposto pela Ir ∴ Annie Besant ∴ 33º, que chegou a ser M∴P∴G∴C∴ da Federação Inglesa da Ordem Maçônica Mista Internacional "Le Droit Humain", é, no mínimo, semelhante ao Sistema Hierárquico da Maçonaria, estruturado em Conselhos escalonados por diferentes Lojas e graus distintivos conferidos por serviços prestados. A Sra. Clara Codd, em seu livro *As Escolas de Mistérios,* chega a afirmar que Francis Bacon (1561-1626) teria sido "o verdadeiro fundador da Franco-Maçonaria moderna, pela qual, estou certa, tentou indicar a forma ideal de Governo". (CODD, Clara. *As Escolas de Mistérios*. Brasília, Ed. Teosófica, 1998. p. 110). (N. ed. bras.)

no de diferentes classes, o governo de um grupo sobre outro; mas nunca vimos liberdade, pois o homem ainda não está suficientemente evoluído para compreender aquelas condições sem as quais a liberdade não pode existir.

Olhando para este estranho fato, que as duas únicas sociedades que proclamam a Fraternidade Universal também admitem a ordem hierárquica, vejamos na grande Fraternidade do homem quão distantes estão quaisquer fundamentos nos quais uma hierarquia possa ser estabelecida. Eu estou, agora, a partir daquela grande hierarquia oculta, da qual eu falei, dirigindo-me para a humanidade comum conhecida de todos nós. Na família, na qual o princípio da Fraternidade é reconhecido, e onde dever e responsabilidade seguem com a idade e o conhecimento, lá nós temos, como se diz, uma ideia esboçada de como um Estado deveria ser. Mas como o princípio da idade aplicar-se-ia no que diz respeito à humanidade? Pois a não ser que exista alguma coisa na raça humana que sustente, pelo menos, uma analogia com o princípio da idade dentro de uma família, nós encontraremos dificuldade para sustentar a Fraternidade, ainda mais para torná-la a pedra fundamental da sociedade nos séculos por vir. Ora, é tão verdadeiro para a humanidade como é verdadeiro para os membros de uma família que há uma diferença de idade. Exatamente da mesma forma pela qual os membros de uma família nascem um após o outro, e todas essas diferentes idades compõem o círculo da família, assim o é com a grande família da humanidade. Os Espíritos humanos e inteligentes que compõem aquela imensa família não são da mesma idade, não nasceram todos para a existência individual ao mesmo tempo.

Diferenças de Idade na Grande Família Humana

Lado a lado com a ideia de Fraternidade surge a lei natural de reencarnação – que há uma diferença de idade nos

Espíritos humanos individualizados, e que há mais velhos e mais jovens na grande família humana. Essas diferenças de idade não caminham necessariamente com quaisquer das distinções de castas ou classes que vós encontrais na sociedade moderna, embora o grande sistema de castas da Índia tenha sido fundado sobre este princípio de diferentes idades dos Egos reencarnantes. Há muito tempo, entretanto, isto já terminou, e vós não tendes agora manifestada na terra aquela mesma ordem definida como nos antigos tempos de nossos ancestrais arianos na Índia.[44] Contudo, vós podeis reconhecer a alma mais jovem ou a mais antiga examinando as características que o homem ou a mulher trazem para o mundo ao nascer; olhando para o caráter, as características de ser mais velho ou mais jovem saltam à vista. A alma mais jovem incapaz de adquirir alguma grande quantidade de conhecimento, mostrando-se com muito poucas qualidades morais, muito egoísta e desejosa de obter o prazer do momento sem qualquer cuidado com qual possa ser o resultado desta ação no momento seguinte; a maneira de viver trivial, superficial e indolente; o ser levada por desejos sempre mutáveis sem nenhum firme pensamento, princípio ou vontade subjacente com os quais vós podeis contar; muito mutável, muito frívola, facilmente levada por qualquer capricho do momento – essas são caracterizadas como almas mais jovens que têm pouca experiência anterior de vida, na qual o caráter foi construído, na qual a vontade desenvolveu-se. E quando vos deparais com aquelas de sereno julgamento, grande capacidade para adquirir conhecimento, poder para transformar conhecimento em sabedoria, firmeza de vontade, firmeza de princípios, prontas para olhar para o futuro além das atrações passageiras do momento, prontas para sacrificar um ganho temporário por uma felicidade mais ampla – em tais homens e mulheres, vós tendes as características das almas mais velhas,

[44] Vide nota 17. (N. ed. bras.)

cujas experiências passadas têm gradualmente desenvolvido capacidades, e que trouxeram junto com elas para o mundo os frutos de longo tempo de colheitas.

Aquele grande princípio da Reencarnação deve sempre ir de mãos dadas com a Fraternidade, se a Fraternidade deve ser aplicada, se ela deve tornar-se um princípio ativo da vida diária. Pois é a partir dessas diferenças de idade entre nós que se desenvolvem todas as possibilidades de uma sociedade ordenada e feliz. Quando as almas jovens vêm para posições de poder e riqueza, então isto é mau para a nação, pois nesse caso as crianças governam ao invés dos homens. Mas é bom para um povo no qual a sabedoria é o critério de valor e autoridade, no qual os sábios, os pensadores e os instruídos são aqueles apoiados para ter o maior direito à distinção social, onde o conhecimento e o poder caminham de mãos dadas e onde a experiência é o guia da retidão, o modelo de honra. Somente se forem esses fatos reconhecidos – e eles crescem a partir do conhecimento da reencarnação – somente sob esta lei estável na Natureza, vós podeis construir segura e firmemente a sociedade que perdurará.

Mas às vezes é dito: Se vós ides construir uma sociedade sob esses grandes princípios, então tendes que mudar a natureza humana, porque a natureza humana é egoísta, superficial, facilmente influenciável, e vós não podeis construir uma sociedade que é verdadeiramente grande a partir de pessoas triviais e superficiais. Os sábios são sempre em minoria, como, então, quereis vós obter para eles o direito e o poder para governar? É verdade que a natureza humana precisará mudar muito do que ela é hoje, mas então ela está mudando todo o tempo – não é uma coisa nova mudar a natureza humana. A natureza humana está perpetuamente mudando assim como o século sucede ao século e a civilização sucede à civilização; e quando uma vez nós compreendermos a lei da vida, compreendermos o poderoso poder do pensamento na construção do caráter, compreendermos que a lei de inviolável consequência à qual os teósofos chamam *Karma*, operando em cada departamento da vida humana e não apenas na natureza não inteligente, quando nós compreendermos o tempo que a reencarnação nos oferece, e a certeza de que essa lei de inviolável consequência nos dá, então começaremos a compreender que a natureza humana é uma coisa muito maleável; e justamente na proporção que compreendermos a lei, assim será a rapidez da mudança. Pensais vós que o pensamento humano é uma força fraca para mudar a natureza humana? Não é antes verdade que o pensamento é o poder que produz todas as grandes mudanças? – Primeiro o ideal, então a ação.

Deixem-me dar dois exemplos impressionantes das duas únicas nações na Europa que alcançaram a unidade nacional durante nosso próprio período de vida; uma a Itália, a outra a Alemanha. Eu somente as tomei como exemplo de nações que a partir de muitos Estados e interesses conflitantes alcançaram a unidade como uma nação; e como ela foi conquistada? Ela foi conquistada pela sustentação firme do ideal em ambos os casos, o ideal da unidade nacional. Não até que os poetas alemães tivessem cantado por muitos anos a respeito da Pátria alemã, não até que aquele ideal de Pátria crescesse intensa e claramente nas mentes dos jovens, não até que o poeta tivesse tornado o ideal possível para que o soldado avançasse com o estadista e transformasse aqueles Estados em um único. E assim também com a Itália. Por longo tempo antes que houvesse qualquer conversa sobre revolução ou guerra, por longo tempo antes que houvesse qualquer ideia de apelar para a espada, os pensadores italianos falaram sobre a unidade da Itália, os patriotas italianos sustentaram firmemente o ideal de uma Itália unida; e foi somente quando o ideal inflamou os corações dos jovens que houve força suficiente para o autossacrifício que seguiu a espada de Garibaldi, e tornou possível para a Itália transformar-se num povo unido. Pois é a partir do ideal que o entusiasmo cresce, é a partir do ideal e da aspiração de realizá-lo que o poder de autossacrifício é gerado. O que nós precisamos fazer, então, para mudar a natureza humana, é sustentar firmemente grandes ideais perante os jovens de nosso tempo, e esses ideais inflamarão seus corações até o entusiasmo apaixonado, até que o autossacrifício seja uma alegria e não um sacrifício em absoluto, de modo que o ideal que eles veneram possa realizar-se sobre a terra. Ao longo dessa direção a natureza humana mudará; pois nunca deveis esquecer-vos que a natureza humana é divina, não demoníaca; que um Deus está no coração de cada homem, desenvolvendo os poderes da divindade; daqui o poder do ideal para inflamar e o poder do pensamento para moldar as linhas do caráter.

A Fraternidade nas Religiões

Passemos dos princípios para a prática, e vejamos quais dos problemas sociais mostram boa esperança de solução pela aplicação deste princípio da Fraternidade, com seus corolários de Reencarnação e *Karma*. Evidentemente o nosso primeiro instrumento é a educação. Nos maleáveis corpos e cérebros dos jovens está a maior possibilidade de um rápido desenvolvimento de um nobre sentimento social. Como indiquei na primeira desta sequência de conferências, a tentativa que está sendo feito em muitas direções agora para separar religião e moral, e para dar uma educação na qual a religião deverá ser excluída – que, pelas razões que eu então vos dei, e não preciso repetir, está fadada ao fracasso. Ora, está completamente claro por que os políticos e o público, impaciente com as disputas de muitos sectários e denominações, querem pôr de lado a religião de um modo geral, e não trazer a controvérsia religiosa para dentro das escolas. Mas se vós aplicardes o princípio da Fraternidade à religião, certamente não é demais esperar que num país onde a imensa maioria é pelo menos nominalmente cristã, algum tipo de acordo possa ser feito sobre o essencial para o ensino dos jovens.

Na Índia vós tendes sectários religiosos assim como vós tendes aqui grandes divisões nas escolas de pensamento religioso; e foi dito há uns doze anos atrás na Índia, muito firmemente como vós ouvis dizê-lo aqui na Inglaterra agora: É impossível ensinar religião para as meninas e os meninos indianos, pois a disputa de seitas torna a unidade impossível, e como deveríeis ensinar as crianças sem decidir o que ensiná-las? Esse pareceu, como parece aqui, um grande obstáculo sobre a maneira de ensinar religião, e contudo em quatro ou cinco anos esta questão estava resolvida na Índia no que concerne ao Hinduísmo, a religião da imensa maioria do povo. O que foi feito? O princípio da Fraternidade foi aplicado. Alguns de nós, em acordo com alguns teósofos hindus, reunimos uma pequena comissão para assinalar quais eram as doutrinas essenciais do Hinduísmo, e quais eram as não essenciais e sectárias. Após esse projeto ter sido feito, nós nos aplicamos a trabalhar para conseguir especialistas para coletar passagens de escrituras indianas que exibissem aquelas doutrinas características do Hinduísmo, e, com esse material reunido, um teósofo sentou-se e escreveu um livro-texto sobre Hinduísmo. Tendo-o escrito, uma centena de cópias de prova foram feitas, e enviadas aos chefes de todas as grandes seitas hindus e escolas de filosofia. Pediu-se que eles as lessem, riscassem qualquer coisa a que fizessem objeção e sublinhassem qualquer coisa que considerassem essencial; e depois que esses livros tinham circulado por todo o conjunto de seitas hindus em disputa, eles voltaram novamente para nossas mãos com todas as emendas e sugestões. Mais uma vez nos sentamos ao redor do livro, examinamos as críticas, adotamos as sugestões mais extensamente apoiadas, com tal sucesso que, quando os livros-textos elementares e avançados em Hinduísmo foram publicados, eles foram admitidos por todas as seitas da Índia e adotados como uma fiel representação das doutrinas fundamentais do Hinduísmo. Eles foram admitidos em uma escola após a outra, adotados por príncipe após príncipe, de tal modo que quando o grande governante muçulmano de Hyderabad no Deccan quis dar aos seus súditos hindus uma educação hindu em todas as escolas do Estado, ele simplesmente tomou estes livros e os colocou em todas as escolas, de maneira que os hindus entre seu povo pudessem ser instruídos em sua própria fé. A mesma coisa foi feita pelo Governo inglês no *Princes' College,* em Rajputana, porque eles constataram que a educação secular produzia príncipes que eram imorais e incapazes para governar. Durante os últimos oito anos estes livros difundiram-se amplamente, foram aceitos e usados em toda a parte.

Vós pretendeis dizer-me que as divisões entre os cristãos são tão mais profundas que eles não podem fazer o que os hindus fizeram, ou que vós tendes mais com o que discordar do que concordar; e que vós não conseguiríeis ensinar as crianças naquilo em que concordais, deixando-as em sua maturidade juntarem por si mesmas as partes sectárias das doutrinas? Na Índia, para mostrar-vos o efeito disto, um dos diretores de educação pública perguntou-me: "Não podeis vós, Sra. Besant, escrever um livro-texto para os cristãos?" Minha resposta foi: "Sim, eu poderia escrevê-lo, mas eu não creio que eles o usariam." Ele tem de vir de alguma autoridade cristã reconhecida. Eu absolutamente admito que um teósofo o faria melhor do que qualquer outra pessoa, porque o teósofo não tem disputa com qualquer forma de crença religiosa, e porque todo o seu estudo o conduz ao longo de linhas de reconhecimento de pontos de convergência mais do que de pontos de divergência: mas não necessita ser feito por um teósofo, apenas por alguém que tenha em si o espírito da Teosofia, e tal apenas significa o espírito da Sabedoria Divina, da qual cada religião separada é uma expressão, de maneira que não deveria haver disputa com nenhuma.

Supondo que isso seja feito para todo o Império onde quer que os cristãos sejam encontrados, vede que imenso seria o benefício; e não seria tão difícil. Há certas doutrinas que vós todos aceitais se sois de qualquer modo cristãos: vós apenas teríeis que pôr aquelas doutrinas numa forma racional, inteligível, e então coletar de vossas próprias escrituras os versos que as sustentam e dando-lhes autoridade perante todos aqueles que considerem essas escrituras como autorizadas. Eu tenho tido em minha mente uma ideia que talvez possa ser executada, de tentar caso não fosse possível escrever um livro-texto universal de religião e moral, com textos de todas as escrituras das grandes religiões, de todas as Bíblias da humanidade, estendendo-lhe a autoridade em apoio da doutrina universal, e desta maneira fazendo um livro que cristãos e hindus, parses, budistas e muçulmanos poderiam usar; pois todas as suas escrituras poderiam ser citadas em apoio à doutrina geral, e cada um poderia então acrescentar seus ensinamentos específicos a esse grande e amplo fundamento, mostrando a verdadeira Fraternidade de fés. Esse é um sonho, mas eu penso que ele pode tornar-se uma realidade.

A Fraternidade na Educação

Ao longo dessa linha, então em nossa educação nós temos que ter ensinamento religioso, para que possamos ter uma firme moral. Com relação a outro ensinamento, o que cresceria a partir do princípio do Estado sendo uma grande família, com crianças de muitas idades e variadas capacidades que deveriam ser igualmente treinadas? Aí poderia desenvolver-se um sistema de educação no qual uma ampla base comum seria dada para cada criança até a idade de dez ou onze anos, e então viria uma diferenciação de acordo com as capacidades das crianças. Vós não insistiríeis por mais tempo, quando uma criança tivesse capacidade musical, que essa criança devesse ter um conhecimento superficial de três ou quatro outras artes, de tal modo que ela não seria boa em nenhuma, mas somente superficial em todas. Se vós vísseis habilidade musical, deixaríeis os outros pontos de lado, e a música formaria a parte predominante da educação de tal criança. Se vós encontrásseis capacidade com as cores, com as formas, então ao longo das artes plásticas ou da pintura a criança teria desenvolvida sua capacidade natural; e lenta e gradualmente vós aprenderíeis que a capacidade artística deve passar para as artes manuais da nação, e que um grande número de meninos e meninas deveriam ser treinados para a arte manual em contraste com os produtos feitos à máquina; porque aí vós teríeis a possibilidade da beleza em geral voltar para a vida, e somente assim o sentido de beleza será cultivado através de toda a nação. Onde vós vedes que a tendência é literária, aí não deveríeis insistir, especialmente como vós ainda fazeis com meninas, que todas deveriam tocar um pouco de música, desenhar um pouco, e todas aprenderiam a cantar um pouco; vós deixaríeis tudo isso de lado, cultivaríeis a faculdade literária onde a encontrásseis, e faríeis este o ponto especial desta educação mais especializada. Onde encontrásseis a faculdade científica, aquela vós faríeis a mais importante parte do currículo educacional, lembrando apenas que teríeis de acrescentar ao treinamento científico alguma coisa de literatura e de ideais, de outra maneira vossa ciência tenderá a produzir trivialidades e carecerá de uma mais ampla compreensão da vida humana. Onde vós encontrardes capacidade para a mecânica, aí vós cultivareis esta especialmente, sempre lembrando que nenhum jovem deveria deixar a escola até que tivesse aprendido algum método de ser útil para o Estado enquanto ganhasse seu próprio sustento. Trabalho destreinado deveria ser uma coisa do passado em cada departamento da vida humana. É necessário especializar-se numa idade que seja cedo o suficiente para habilitar um jovem a aprender efetivamente aquilo que será seu sustento na vida mais tarde.

Um grande erro é feito na educação de hoje em dia, onde, quando o jovem tem de ganhar o seu sustento junto a algum trabalho manual, demasiada literatura é ensinada em detrimento da destreza manual. Vós precisais muito mais treinamento prático em vossas escolas do que tendes hoje em dia, e precisais da contínua alusão de que uma forma de atividade humana não é inerentemente mais nobre do que qualquer outra forma; que o homem que usa bem as suas mãos é tão honrado no uso delas como o homem que usa bem o seu cérebro. O que é desonroso é que o trabalho cerebral ou manual sejam mal feitos. Vosso espírito realmente destrutivo junto a tudo isso é: "Isto já está bom; isto me basta." Não há nada que baste a menos que seja tão bem feito quanto vós podeis fazê-lo; de outra maneira é trabalho descuidado e degradante em si mesmo. Não é o tipo de trabalho que fazeis que vos faz honrados ou desonrados; é o espírito com que o fazeis, e a qualidade de trabalho que produzis. Até que vós possais conseguir isso em toda nação – pois hoje ainda não é assim – até que vós possais devolver ao trabalhador a dignidade do artista, e não queira cada carpinteiro educar seu filho superficialmente de modo que ele possa ser um auxiliar de escritório em vez de um trabalhador manual, estragando vosso trabalho manual, sobrecarregando vossos escritórios – até que possais trazer de volta aquele equilíbrio entre o dever humano e o trabalho humano, há pouca esperança de uma sociedade sã e saudável entre vós.

Passai, novamente, desta para outra coisa que é muito necessária na educação; mas eu creio que é aprendida mais no recinto de recreio do que na sala de aula – disciplina, o senso de dever para uma vida mais ampla. Isso pode soar uma descrição exagerada do efeito de um jogo sobre um menino, mas é verdadeiro. Quando um menino é membro de um time – de criquete, futebol, hóquei, o que quiserdes, – esse menino nunca será um sucesso a menos que ele aprenda a pensar no seu time em vez de em si mesmo, e este é um eu mais amplo do que as suas próprias pretensões pessoais. É no pátio de recreio que meninos e meninas aprendem muitas lições que os torna melhores cidadãos na vida mais tarde – o sentido de ordem, o sentido de disciplina, o executar a vossa tarefa, cumprindo o vosso papel, em qualquer posição que sejais colocado no jogo. Vós podeis ter um lugar ou outro no campo de criquete ou no campo de futebol, mas o teste do menino é que ele faça bem o seu trabalho no lugar onde está, e que não queira estar em algum outro lugar quando o seu capitão o colocou aí. Essa disciplina moral do pátio de recreio é mais valiosa do que a disciplina da sala de aula, pois ela é voluntária, alegremente obedecida, e é estimulada por um ideal puro, não mesclado pelo medo. Eis o valor do pátio de recreio e a importância de ensinar os jovens a jogar corretamente. Pois o maior perigo das assim chamadas nações democráticas é que elas não tenham senso de disciplina, não tenham senso de ordem, não tenham senso de obediência; sem estes nenhuma nação pode ser grande.

Quando estive na Austrália pela última vez, aconteceu que um rapaz aprendiz numa mina, que fora repreendido por não fazer direito a sua tarefa, imediatamente deixou o trabalho, e então toda a mina fez greve para defender os direitos desse jovem preguiçoso – não há muita chance de construir uma nação a partir de tais elementos; vós apenas conseguistes um amontoado de pedaços de mármore sem coesão, sem o aglutinador senso de dever ou de responsabilidade, e a partir de tais elementos vós nunca podereis construir um Estado. Sem disciplina, ordem, obediência, não há possibilidade de grandeza. Mas tudo isso tem de crescer a partir da educação definitivamente baseada nestas ideias de Fraternidade, de reencarnação e lei.

A Fraternidade na Criminologia

Passai deste departamento da vida, e voltai-vos para uma questão muito importante – Penologia, o tratamento de criminosos. O que é o criminoso? Os criminosos encontram-se dentro de duas classes: uma classe de almas jovens, e elas precisam ser educadas; uma outra classe de almas cujo desenvolvimento foi assimétrico ou desequilibrado de modo que o intelecto cresceu, mas a consciência não se desenvolveu lado a lado com ele – esses são criminosos muito mais perigosos e muito mais difíceis de tratar. Ora, a alma jovem é de modo geral como um selvagem. Um homem num estágio evolutivo tão inferior, que no começo da evolução de nossa raça teria sido guiado para alguma tribo selvagem em alguma ilha ou deserto, onde a rude disciplina dessa vida selvagem teria iniciado a lapidá-lo dentro de uma imagem – rude, mas gradualmente construindo esta jovem alma dentro de um sentido de dever para com a sua tribo. Ora, como as coisas mudaram, e a evolução humana avançou rapidamente, não há lugares suficientes no mundo onde aquelas condições estão disponíveis para o gradual treinamento destas almas mais jovens. As nações civilizadas, como as chamamos, têm-se expandido por toda a parte sobre a superfície da terra, expulsando este povo miserável para fora de seus domínios, tomando suas terras, assassinando-os, em grande medida, apropriando-se da terra, e desapossando os primitivos possuidores para o outro mundo imediato. Que aconteceu com todos aqueles? Eles tiveram que voltar, e eles tendem pela lei natural a vir para as nações que foram mais ativas em mandá-los para fora de seus domínios. É absolutamente natural, se vós pensardes que nós vivemos sob a lei, não ao acaso; e não é, talvez, se eu posso dizê-lo com todo o respeito, muito admirável que o povo da Grã Bretanha tenha uma porção propriamente extra a cuidar daqueles infortunados selvagens. Eles vêm para os bairros pobres, e lá eles nascem realmente selvagens. Se olhardes para eles, vós os chamareis criminosos congênitos. Mas eles são realmente almas jovens, sem moralidade, sem muito cérebro, com uma certa habilidade, astúcia, destreza, mas fundamentalmente jovens. Então encontrais outras almas que já saíram daquela mais baixa condição de selvageria, mas ainda não estão no ponto em que as restrições da sociedade, que são adequadas para as almas mais velhas sejam toleráveis para elas. E assim vós conseguis uma grande safra de criminosos ocasionais, com uma tendência a torná-los criminosos habituais.

Então tendes aquela outra classe da qual falei, o grupo dos assimétricos ou desequilibrados, que mencionei como sendo os mais difíceis para tratar; homens que são realmente espertos, mas que voltam a sua esperteza para pilhar seus companheiros em vez de usá-la dentro dos limites da lei. Esta é uma ampla classe. Algumas vezes eles andam justamente sobre a margem da lei, algumas vezes eles se mantêm por mínima margem dentro da lei, mas do ponto de vista social, lembrai, há muitos criminosos sociais que sempre se mantêm no que algumas vezes é chamado à margem da lei – ou seja, eles não vão para a cadeia – tal homem do qual eu falei outro dia, destruiu o sistema ferroviário de um distrito inteiro, para que a partir dos destroços ele pudesse construir para si mesmo uma imensa fortuna. Ele não é um assaltante do ponto de vista técnico, não é um ladrão que um policial possa capturar, mas do ponto de vista do *Karma*, e do ponto de vista da justiça eterna, esse homem que por meios legais roubou milhares de outros dos seus meios de subsistência, é um ladrão pior do que aquele que bateu uma carteira e foi levado para a cadeia. Há muitas coisas num país civilizado que estão muito próximas da linha divisória entre o furto legal e ilegal, uma grande parte dos quais levam o nome de companhias de negociação de ações, onde há praticamente um jogo de cara ou coroa sobre se existe realmente fraude que possa ser provada; mas com o fato notável que enquanto as empresas sempre se arruinam, e as pessoas que tomam parte nelas são levadas à pobreza, o promotor da empresa se destaca tornando-se uma pessoa muito bem-sucedida. Agora tudo isso, do ponto de vista social, é completamente imoral, mas nós não podemos chamá-los criminosos no sentido técnico, ainda que de vez em quando eles ultrapassem um pouco os limites, e então a lei criminal os pega.

Como deveriam ser tratados aqueles que são realmente as almas jovens? Como evitaremos torná-los criminosos habituais como nós fazemos agora? – pois existe alguma coisa mais miserável e mais vergonhosa do que um homem ter que voltar repetidas vezes após cinquenta, sessenta condenações registradas contra ele no tribunal, e a sentença ficar cada vez mais longa porque ele é um criminoso habitual? Ele foi forjado para isso. Vós não deveríeis tratar um homem que cometeu um crime contra vosso sistema legal enviando-o para a prisão por sete dias, ou um mês, ou um ano, aumentando cada vez mais a reclusão após cada retorno à liberdade provisória. Vós não tratais pessoas que estão doentes desta maneira; vós nunca encontrais um médico confinando um paciente de varíola num hospital por sete dias, nem um acometido de febre por um mês; eles são confinados até que estejam curados, e este é o caminho no qual deveríeis tratar qualquer um com marcantes propensões criminosas. Vós não deveríeis punir, mas somente ajudar; deveríeis tomar esta alma infantil e treiná-la para uma vida decente. Pois nunca deveríeis ter em vossas prisões qualquer forma de trabalho inútil como uma punição. O criminoso que é realmente um selvagem sempre tem aversão ao trabalho ; ele está sempre ocioso – isto é parte de sua juventude; e se vós lhe derdes uma forma de trabalho que é punitiva e não útil, somente aumentareis a aversão natural por cada tipo de trabalho, e fareis com que ele o odeie mais completamente ao sair da cadeia do que quando ele entrou. Obrigar os presos a transportar balas de canhão para um lado do pátio da prisão, para depois trazê-los de volta novamente, ou à inútil tortura do moinho de rotação manual, isto faz criminosos, não os cura[45]. Vós precisais, quando o criminoso vem para o vosso poder, tomá-lo nas mãos como tomaríeis um irmão mais jovem que não sabe como guiar a si mesmo, e é seu dever como o mais velho conduzi-lo. Necessitais treiná-lo em algum negócio honesto através do qual ele possa ter um meio de vida; Necessitais discipliná-lo, não de forma cruel, mas estável e firmemente; precisais estabelecer a muito salutar lei que se um homem se recusar a trabalhar, não terá o direito de comer, e ensiná-lo na prisão a merecer o seu jantar antes de desfrutá-lo. Deveis colocá-lo a trabalhar em negócios através dos quais ele possa ganhar o seu próprio meio de vida, dentro das paredes da prisão; e se, após terdes ensinado a ele um negócio de modo que possa ganhar o seu sustento, e fora da cadeia ter encontrado para ele uma oportunidade de um meio de vida decente – se então ele se recusar a trabalhar, e voltar novamente para vossas mãos, deveis manter aquela disciplina sobre ele até que realmente esteja curado, ainda que seja por muitos e muitos anos, pois vós estais treinando-o para um caráter melhor. Podeis tornar a vida da prisão uma desgraça menor do que ela é agora; dar-lhe diversões educativas, que elevem o espírito, ao invés de deixá-lo endurecer pelo contínuo sentimento de desgraça dentro das paredes da prisão. Vós podeis restringi-lo – isto será necessário para o bem-estar, a prosperidade e a saúde da sociedade; mas deveríeis tratá-lo como um membro mais jovem da família nacional, para ser gradualmente treinado dentro de uma vida de-

[45] Eu fui informada de que estas punições não são mais usadas nas prisões inglesas. Se assim for, um passo de avanço foi dado. (N.A.).

cente; deixai a boa vontade, de levar uma vida decente ser a única chave para a porta da cadeia.

Mas vós podeis fazer muito antes que haja necessidade de mandá-lo para a prisão. Há um sistema que está justamente começando aqui, chamado o Sistema de Provação, que tem funcionado na América com grande sucesso, e que um membro da nossa Sociedade, a Srta. Lucy Bartlett, teve o imenso privilégio de introduzir na Itália, de modo que ele foi transformado na lei do país. Agora, o que é esse sistema? Quando um jovem comete a primeira transgressão, ele não é mandado para a cadeia se alguém, um bom cidadão, de posição respeitável e boa conduta, oferecer-se como voluntário no tribunal e disser: "Eu me encarregarei desse jovem. Eu serei seu amigo e cuidarei dele." Nesse caso a sentença não é de aprisionamento; é uma sentença que fica suspensa sobre o jovem por um tempo; e se ele não quiser ser ajudado, então a sentença será aplicada. Mas, para dizer a verdade, é um caso muito raro. Este homem ou mulher oferecendo-se como um voluntário proveniente das classes da sociedade que não precisam trabalhar para viver, e tornando-se um amigo, para esse jovem irmão, é, na maior parte dos casos, um meio de redimi-lo do mal para o bem; o mais velho torna-se amigo dele, leva-o para passear algumas vezes, conversa com ele, trata-o realmente como um irmão ou irmã, e grande é o poder redentor do amor humano em restabelecer o respeito próprio, e grande o desejo de aprovação. Esses são os motivos apresentados para dirigir alguém que recentemente pôs os seus pés na senda da criminalidade, e que na maioria dos casos o traz de volta à virtude; e a amizade que começou na provação segue pelo resto da vida, fortalecendo, ajudando e ensinando ambos, o ajudante e o ajudado. O sistema esteve operando por algum tempo na América, longo o suficiente para testá-lo; na Itália somente por dois ou três anos, um tempo muito curto; homens e mulheres das classes que não precisam trabalhar para viver se ofereceram voluntariamente para agir como amigos e auxiliares daquele que se enredou nos domínios da lei. Certamente não se poderia encontrar melhor aplicação da Fraternidade para o tratamento criminal do que esse; é a realização do dever daqueles que estão além da tentação do vício em relação àqueles mais jovens que caíram sob o poder do vício.

Fraternidade e Pena de Morte são Incompatíveis

Eu dificilmente posso deixar este assunto sem dizer uma palavra sobre a Pena de Morte. Esta, é claro, não pode encontrar defesa de qualquer um que compreenda o princípio da Fraternidade. Alguns de vós lembram o ditado de um satírico francês: "Que os senhores assassinos comecem", mas não é a partir dos menos elevados que essa reforma começa, mas dos mais elevados. Não podeis esperar que vosso homicida respeite a vida humana se o ensinastes por meio de vossa legislação criminal que a pena justa para o homicídio é cometer o homicídio novamente. Em verdade, um vem da paixão e outro da lei; mas se a lei não ensina respeito pela vida humana, como deveriam as paixões do criminoso honrar aquela santidade? Não é somente a partir desse princípio geral que tornais de pouco valor a vida humana destruindo-a, mas a partir de outro muito mais importante. Vós não podeis livrar-vos de vossos homicidas; somente podeis livrar-vos de seu corpo, e seu corpo é a prisão mais apropriada na qual podeis guardá-lo. Vós podeis aprisionar seu corpo e impedi-lo de cometer quaisquer ulteriores homicídios, mas não podeis aprisioná-lo quando o expulsastes para fora do seu corpo pela forca do carrasco; vós não o matastes, não podeis matá-lo, somente matastes o seu corpo; e o expulsastes para o outro mundo, aquele mais próximo, que interpenetra este mundo, e cujos habitantes estão conosco todo o tempo; vós o expulsastes para esse outro mundo odiando, blasfemando, cheio de ira e desejo de vingança contra aqueles que encurtaram sua vida. Ele age como instigador de outros homicídios e ele estimula outros criminosos para a última possibilidade de crime. Não noticiastes alguma vez que um brutal homicídio é algumas vezes repetido e repetido novamente na mesma comunidade até que tendes um ciclo de homicídios de um tipo particular? Eu sei, é claro, que a Imprensa, ao reportar cada detalhe daqueles horrores, inspira as forças da imaginação, aumentando o poder daquele homem que mandastes para o outro mundo para produzir tentação. Num país civilizado tais detalhes de um crime brutal jamais deveriam ser dados; as pessoas deveriam entender que isto estimula a faculdade de imitação, e assim torna mais provável a repetição do crime. Uma outra razão pela qual vós nunca deveríeis mandar um homem para o outro mundo deste modo é que quando o criminoso está em vossas mãos, considerando as vidas que terá pela frente, vós deveríeis tentar dar-lhe alguma coisa para levar consigo para o outro mundo que ele pudesse converter em capacidade e sentido de moral; deveríeis lembrar-vos que ele voltará novamente para um corpo físico; e é vosso dever fazer seu próximo nascimento tanto mais aperfeiçoado pela vida presente quanto for possível para o pensamento e o amor humanos fazê-lo. Nós temos um dever para com essas almas jovens ao nosso redor a fim de que elas possam beneficiar-se em nossa civilização, e não sofrer por sua causa como elas demasiado frequentemente sofrem hoje em dia.

A Fraternidade e Economia

Quando vos voltais para a economia, qual será o resultado da fraternidade ali? O detalhado desenvolvimento e elaboração desse problema certamente necessitará os mais agudos intelectos para planejar algum esquema de produção e distribuição que deveria tornar a vida humana menos pesada por um lado, e menos cheia de luxo inútil pelo outro. Mas não serão resolvidos corretamente aqueles grandes e difíceis problemas ao longo das rudes e prontas linhas do Socialismo das ruas.[46] Vós deveis resolvê-los com a mais cuidadosa consideração de todos os problemas que estão interligados uns com os outros. Algum sistema de cooperação geral, de divisão geral de lucros, ou alguma coisa ao longo dessas linhas, será o princípio por meio do qual serão mudadas as condições; mas se por um lado deveis tornar o destino dos trabalhadores muito mais suave e feliz, por outro nunca devereis dar aos ignorantes o controle sobre aquilo do qual depende o seu suprimento de alimentos; pois isso significaria a ruína.

Deixe-me dar-vos uma ilustração para mostrar o que eu pretendo. Há vários anos tem ocorrido um grande número de greves neste país, e não há dúvidas de que muitas delas foram causadas pela ação da ganância da classe empregadora, e pelo injusto tratamento dos trabalhadores; não obstante elas terem em mais de um caso – de fato, em muitos casos – reduzido os trabalhadores a uma condição inferior àquela na qual eles estavam antes. Outro dia eu estava em Tyneside; Newcastle com seus portos vizinhos, Sunderland, e toda a costa ao longo, foi uma vez um dos grandes centros de construção de navios na Inglaterra. Greve após greve tornou impossível continuar a construção de navios, porque os homens não puderam arcar com a sua parte. O resultado é que deixou de ser um

[46] A Dra. Besant considera a questão em sua obra *Brahmavidyā:* "O Socialismo do nosso tempo é a sublevação do pobre contra o rico, o pobre levado ao desespero pelas suas condições, e cada vez mais enfurecido por testemunhar o luxo em torno dele. Que mais se pode esperar do ignorante? Ele está constantemente mourejando, e vendo que outros, sem trabalhar, divertem-se. É inevitável que isso cause revolta". (BESANT, *Op. Cit.* nota 6, p. 102). Dra. Besant chegou a ser socialista militante da Sociedade Fabiana em sua juventude até 1889, então conheceu a Sra. Blavatsky e passou a preferir o que ela chamava de "Socialismo do Amor" (vide Prefácio). (N. ed. bras.)

grande distrito de construção de navios; que o comércio afastou-se largamente de Tyneside, e que aquelas regiões caíram em decadência. Vós não podeis culpar os homens que fizeram greve. Eles tentaram conseguir melhores condições para si mesmos, porém não entenderam as dificuldades de todas essas grandes firmas comerciais, e que eles poderiam rapidamente tornar impossível a construção de navios para os proprietários de estaleiros, pressionando por um índice de salário que não parecia demasiado para os empregados, mas era mais do que as exigências do comércio permitiam aos proprietários de estaleiros pagar naquela época. E assim por diante em um número infinito de casos. Pensamento cuidadoso e julgamento ponderado são necessários. Muitas propostas foram feitas pelas próprias uniões de comércio – uma escala móvel de salários, conselho de arbitragens, e assim por diante, todos os passos na direção certa. Mas vossa dificuldade com conselhos de arbitragem é que suas decisões não são sempre aceitas. Quando as pessoas vão para a arbitragem elas têm a esperança de conseguir uma decisão a seu favor; quando isso não acontece, elas nem sempre querem submeter-se. Quando eu estive na Nova Zelândia no ano passado, ocorrera um grande conflito entre empregadores e trabalhadores; ao final ambos recorreram à corte de arbitragem, mas quando a decisão foi dada contra os trabalhadores, eles recusaram-se a voltar para o trabalho. Vós não podeis brincar desta maneira com essas grandes questões econômicas; nenhum mercado deveria decidir inteiramente qual deveria ser o índice de salário que é possível para os empregadores pagar, pois a questão é complicada por muitas considerações; não é um mercado, mas é um balanço de todos os mercados, sobre o qual a última decisão deve voltar-se. Daqui a necessidade de habilidade, de poder para compreender, de amplo estudo de questões econômicas que o trabalhador manual não está habilitado para contribuir. É aqui que se encontra a dificuldade, e onde há necessidade em ambos os lados de um espírito que deseje procurar obter o bem comum de outra maneira, caso contrário ao final há somente mais problemas do que antes, e o mercado definha onde as condições para continuá-lo tornaram-se impossíveis.

Exatamente a mesma coisa está ocorrendo agora na Austrália. Os homens que conhecem as condições de mineração e coisas desse tipo estão fixando os salários que as companhias de navegação devem pagar aos seus marinheiros. Quando um navio da Companhia P. & O. , por exemplo, entra em águas australianas, eles cedo serão compelidos a pagar seus homens no particular índice de pagamento que foi fixado sobre condições econômicas na Austrália. Qual será o resultado? Os navios da P. & O. não irão; eles não podem arruinar a si mesmos para agradar aos trabalhadores australianos; por isso os meios de comunicação serão amplamente cortados; e quando o dano está feito, então será tarde demais para remediar. Este é o tipo de coisa que está ocorrendo em todas as direções com a vinda de trabalhadores manuais para o poder, porque a tentativa de governar veio antes de terem sido compreendidas as condições de governar.

É a mesma coisa quando tratais com todas as questões do trabalho feminino. As mulheres reivindicam o direito de trabalhar, mas muito frequentemente elas têm esquecido que os empregadores podem se aproveitar de certas características inerentes às mulheres e que nada pode alterar, porque elas são fundamentais e naturais. Quando uma mulher assumiu a função de esposa e de mãe, e então sai para trabalhar em uma fábrica, deixando para trás os filhos e o bebê sem cuidado, ou tendo de remunerar outros para cuidá-los, os salários tendem a baixar porque ela se dispõe a trabalhar por salário mais baixo, sabendo da miséria das crianças que ela deixou em casa; então vem a cena da mulher competindo com o marido, da mulher competindo com o homem; as crianças são as sofredoras pelo afastamento da mãe para trabalhar na fábrica, e o homem é mandado embora a caminhar nas ruas porque o trabalho feminino mais barato tomou o seu lugar. Estas são algumas das complicadas dificuldades que surgem do que parece uma coisa simples: permitir que uma mulher tenha trabalho remunerado. Mulher e homem nunca poderão ser iguais no mercado de trabalho porque a mulher é a parturiente, e aqui entra a diferença, e a questão da saúde e do vigor das nações. Ela nunca poderá exigir o mesmo salário que o homem, porque como eu uma vez ouvi alguém dizer brutalmente, quando eu estava criticando o salário de fome de algumas moças: "Sempre há algum outro meio que a mulher pode aumentar a sua renda." Isso é verdade, impiedosamente verdadeiro; mas a põe em desvantagem na luta do mercado de trabalho. O que parecia tão promissor no início, somente aumentou o estresse das condições econômicas, expulsou o homem para as ruas, enquanto a mulher está tentando fazer o trabalho dobrado, na fábrica e em casa. Esta é uma condição impossível das coisas, para a qual uma solução precisa ser encontrada.

E assim, para tratar com essas questões econômicas nós precisamos os melhores cérebros e os melhores corações, o mais amplo conhecimento e a mais profunda compaixão. Esses, e somente esses, podem resolver tais terríveis problemas econômicos desta época. Não podeis resolvê-los por um meio rude e pronto, nem por qualquer meio rápido e súbito. Tendes de resolvê-los pela sabedoria e pelo amor, compreendendo que o interesse da nação é um interesse comum, não de classe contra classe, mas de união de todos para o bem comum da comunidade.

A Fraternidade na Política

Mas então se diz: E sobre política? Sobre os detalhes dessa, francamente, eu não tenho nada a dizer, pois eu estou preocupada somente com princípios. Mas uma coisa eu gostaria de colocar-vos, voltando àquele ponto da liberdade com o qual eu comecei. As pessoas supuseram que liberdade significa um voto. Vós não podeis cometer um equívoco maior. A liberdade e o voto praticamente não têm nada em comum.[47] O voto dá o poder de fazer leis, para coagir outras pessoas; ele de maneira alguma vos dá necessariamente liberdade para vós mesmos. Nós nunca tivemos ainda, como eu disse, liberdade sobre a terra. Nós tivemos legislação de classe de todos os tipos na Inglaterra, mas liberdade nunca. Voltai atrás na história e encontrais os Reis governando, e isso construiu a unidade nacional da Inglaterra. Então os barões governaram, e ao todo eles não o fizeram tão mal, pois a Inglaterra era chamada a "Feliz Inglaterra" naquela época, e certamente ninguém sonharia em aplicar esse nome a ela agora. Então veio a Inglaterra dos Parlamentos, tornando-se mais e mais entorpecida, mais e mais amortecida; e depois a Inglaterra Mercantilista. E quem é nosso governante agora? Nem Rei, nem Lordes, nem Parlamento juntos, mas de um lado o Rei Dinheiro e do outro o Rei Populacho sem lei. Nenhum dos dois é um governante apropriado para tornar grande essa na-

---

[47] Particularmente no caso do voto direto tradicional, exercido pelo eleitor a cada período de mandato, geralmente a cada quatro anos, quando o eleitor mais parece estar passando uma procuração de plenos poderes pelos próximos quatro anos para o seu candidato escolhido, que frequentemente ele nem conhece pessoalmente, e talvez jamais venha a conhecer, pois num distrito muito grande a relação pessoal direta pode tornar-se virtualmente impossível. No sistema proposto pela Dra. Besant, (vide nota 55 e 61) , o eleitor continua podendo votar a qualquer momento e não apenas a cada quatro anos, se tanto, porque o microdistrito, por ser pequeno, facilita a descentralização, a autonomia, a participação nas decisões e até a reconvocação de eleições a qualquer momento por abaixo-assinado, se necessário. (N. ed. bras.)

ção. A Liberdade é uma grande Deusa celestial, forte, beneficente e austera, e ela nunca poderá descer sobre uma nação pelo grito das multidões, nem pelos argumentos de paixões desenfreadas, nem pelo ódio de classe contra classe. A Liberdade nunca descerá sobre a terra para assuntos externos até que ela tenha primeiro descido dentro dos corações dos homens, e até que o Espírito superior que é livre tenha dominado a natureza inferior, a natureza das paixões e dos fortes desejos, e a ambição de agarrar para si mesmo e pisar sobre outros. Somente podeis ter uma nação livre quando tiverdes homens livres para construí-la a partir de homens e mulheres livres; mas nenhum homem é livre e nenhuma mulher é livre se está sob o domínio do apetite, ou vício, ou ebriedade, ou qualquer forma de mal que ele seja incapaz de controlar. Somente o autocontrole é o fundamento sobre o qual a liberdade pode ser construída. Sem isso vós tendes anarquia, não liberdade; e cada aumento da presente anarquia é pago pelo preço da felicidade, que é dada em troca. Mas quando a Liberdade vier, ela descerá sobre uma nação na qual cada homem e cada mulher terão aprendido o autocontrole e o autodomínio; e então, e somente então, a partir de tais homens e mulheres que são livres, fortes, justos, governando a sua própria natureza e treinando-a para os mais nobres fins – somente a partir destes vós podeis construir a liberdade política, a qual é o resultado da liberdade do indivíduo, e não o resultado dos conflitos das paixões dos homens.

Apêndice II

Dra. Besant e a Luta da Índia Pela liberdade[48]

Em um jornal semanal intitulado *Wealth and Welfare* (Riqueza e Prosperidade) publicado em Madras, o Sr. A. Rangaswami Aiyar de Madurai, no Sul da Índia, um teósofo veterano associado por muitos anos com a Dra. Besant em seu trabalho pela Índia, escrevendo extensamente sobre a participação dela na luta pela liberdade da Índia, comenta:

"Frequentemente um pensamento pode ocorrer em nossas mentes, se todos os partidos políticos tivessem unido suas forças em apoio ao *Commonwealth of India Bill* (Projeto da Federação dos Estados Autônomos da Índia), estruturado sob sua orientação e apresentado ao Parlamento [Britânico] em 1925, nós não teríamos alcançado nossa independência mais cedo e sem a fragmentação da Índia em dois países independentes".

A Dra. Besant acreditava firmemente que a Índia poderia conquistar sua independência deste modo, e ela falou com conhecimento do povo britânico, incluindo suas diferentes facções. Tendo trabalhado entre eles na sua mocidade, ela conhecia particularmente bem as classes trabalhadoras da Inglaterra, cujos votos colocaram o partido trabalhista no poder em 1945 por meios pacíficos e constitucionais.

---

[48] SRI RAM, N. *On The Watch Tower*. Madras, *The Theosophical Publishing House*, 1966, pp. 79-80. *(The Theosophist,* out. 1955). (N. ed. bras.)

Em todos os países democráticos existe a tendência de haver partidos e forças trabalhando em oposição uns aos outros. Mas a Dra. Besant podia ver que os Conservadores, na Inglaterra, que governaram a Índia até então, não representavam a completa mentalidade do povo amante da liberdade na Inglaterra.

Sua propaganda ou agitação em favor da *India's Home Rule* (Governo Autônomo da Índia), iniciou exatamente antes da primeira Guerra Mundial, resultou na declaração de agosto de 1917 pela *Coalition Government of Britain* (Governo de Coalizão Britânico), a qual comprometeu publicamente o país para a meta do governo autônomo para a Índia. Após este pronunciamento era inevitável que a Índia conquistaria sua liberdade, embora fosse uma questão de tempo e esforço.

Houve dois movimentos na Índia por aproximadamente um quarto de século, trabalhando lado a lado, e em alguma extensão, um contra o outro. Aquele no qual a Dra. Besant exerceu a liderança foi um movimento vigoroso, conduzido por meios constitucionais através das legislaturas, da imprensa e do povo. Ele tinha o mérito de educar o povo em métodos e princípios políticos, enquanto procurava ao mesmo tempo reforçar e expressar sua demanda pela Liberdade. O outro era um movimento que sob diferentes nomes, Não Cooperação, Desobediência Civil e *Satyagrâha*, promoveu "ação direta" e fomentava métodos de ilegalidade que estão sendo usados ainda hoje em dia contra seu próprio Governo por certas facções. Cada um teve a sua parte na conquista da independência da Índia. Os métodos democráticos e parlamentares da Dra. Besant permaneceram como o fundamento para o progresso da Índia, e o país está agora lutando para superar os hábitos de ilegalidade que o partido do Congresso usou e encorajou.

The Commonwealth of India Bill (O Projeto da Federação dos Estados Autônomos da Índia) não teria, em qualquer caso, passado pelo Parlamento Britânico como estava: ele teria sido modificado de muitas maneiras, mas se o esquema geral daquele Projeto de Lei tivesse sido conservado, a Índia não teria sido fragmentada em dois Estados, não teria nem mesmo sequer havido a possibilidade de uma tal divisão sobre a Constituição visada pelo Projeto de Lei.

A Dra. Besant não acreditava em votos sem qualificações. Ela formulou em seu Projeto de Lei certas qualificações tanto para os votantes quanto para seus representantes e que, enquanto dava para o povo a liberdade plena nos níveis de vila e distrito, teria garantido para a Índia um parlamento constituído de pessoas cujo senso de responsabilidade, experiência e bom julgamento teria habilitado à Índia para progredir sob as mais favoráveis condições.

O Sistema de Eleições da Índia[49]

Foi noticiado que Pandit Jawaharlal Nehru disse em uma reunião do Congresso Nacional da Índia, o principal partido político da Índia, que o sistema de eleições naquele país necessita ser reformado de tal modo que proporcione eleições diretas somente na base, mas indiretas nos outros casos. Se esta sugestão for tomada seriamente, poderá conduzir a desenvolvimentos muito melhor ajustados às condições da Índia, e de acordo com conceitos indianos tradicionalmente honrados relativos ao que um Governo deveria ser, do que é o sistema atual, que é uma democracia no nome, mas na realidade apenas uma fonte para uma grave revolta em um certo período de anos, um fenômeno de desordem mais do que o funcionamento de uma ordem primorosa.

---

[49] SRI RAM, *Op. Cit.* nota 48, pp. 81-82. *(The Theosophist,* set. 1956). (N. ed. bras.)

Um sistema de eleições no qual cerca de 180 milhões de votantes são induzidos a votar, a maioria deles sem a menor noção das consequências[50] que eles assim finalmente es-

[50] O Dr. Philip E. Converse, do Instituto de Pesquisa Social da Universidade Ann Arbor de Michigan, E.U.A., em seu artigo *A Natureza dos Sistemas de Crença em Massa. (The Nature of Belief Systems in Mass Publics. In:* APTER, D.E., org. *Ideology and Discontent. New York, The Free Press of Glencoe,* 1964. pp. 206-61), demonstra cientificamente as imensas diferenças na quantidade de informação e interesse por política, nos E.U.A., em grande medida decorrente das diferenças em educação, mas podendo ser fortemente modificado pelos diferentes interesses específicos adquiridos pelos indivíduos. Na sua pesquisa sobre o voto, feita em 1956 no eleitorado norte-americano, 3% tem conteúdo ideológico claro, 12% tem algum conteúdo ideológico, 45% somente defende o interesse do seu grupo, 22% vota a partir de uma análise sumária da situação econômica no momento imediato de sua vida, sem conteúdo verdadeiramente ideológico, facilmente influenciado por modismos dos meios de telecomunicações e 18% sem qualquer conteúdo político (vota por simpatia, popularidade ou beleza do candidato etc.) Se tal é a proporção nos Estados Unidos da América, onde o índice de analfabetismo é baixo, pode-se bem imaginar qual seria o perfil do eleitorado em países com sistema educacional pouco desenvolvido ou mesmo altas taxas de analfabetismo...

É portanto fácil demonstrar, por exemplo, como o sistema de voto obrigatório, além de ser essencialmente antidemocrático, é desastroso, por forçar indivíduos sem interesse em política a votar, "a maioria deles sem a menor noção das consequências", como afirma Sri Ram acima, referindo-se às condições da Índia. Isso é verdadeiro particularmente em países de sistema educacional deficiente, a julgar pelo fato de que, mesmo nos Estados Unidos, pelo menos 40% do eleitorado, constituído pela soma (22% + 18%) dos dois últimos tipos classificados por Converse, pode flutuar ao sabor de estímulos diversos dos meios de telecomunicações.

Pelo menos estes 40% daquele eleitorado constituem uma massa de manobra ingênua e fácil para políticos demagogos em sistemas de grandes distritos eleitorais, nos quais o voto direto das massas é dirigido a imagens artificialmente criadas de candidatos virtualmente desconhecidos, ou para outros candidatos, que por já serem famosos, não são avaliados quanto à sua real qualificação para o desempenho de cargos tabelecerão, é na realidade um modo de ação tão indireto quanto qualquer possa ser, apesar de passar por eleições diretas.[51] O modo pelo qual o *demos* (o povo, N. T.) se divide nesta agitação, é mais um pânico em massa na nave do Estado, causando mais uma inclinação para este lado ou aquele, do que uma ação inteligente da parte daqueles que escolhem sua tripulação. Sem dúvida, cada homem é competente em sua própria esfera, para dizer o que ele quer para sua própria cidade ou vila e quem a servirá melhor entre aqueles que ele conhece.[52] Mas quando se chega à questão de decidir intrincados problemas de importância nacional e internacional, é apenas senso comum que somente deveriam exercer o voto aqueles que têm algum conhecimento da natureza dos problemas. Por essa razão foi que a Dra. Annie Besant, enquanto estava envolvida nesses assuntos da política indiana, recomendou firmemente, que a Índia não deveria, ao formular a sua constituição, aderir ao fetiche do voto de massa sem quaisquer qualificações. Uma folha de serviço em algum campo e alguma educação, em seu ponto de vista, deveriam ser qualificações requeridas para membros das Legislaturas tanto quanto em um grau menor, para aqueles que decidem quem serão os membros entre aqueles que se apresentam para tais cargos.

Política, que envolve o bem-estar e progresso de todos que constituem o Estado e afeta outros Estados, é um assunto sério que clama pelas melhores mentes, com um espírito desinteressado, e não deveria ser um jogo de poder com apostas de

---

de grande responsabilidade pública. No sistema proposto pela Dra. Besant, (vide nota 55), um candidato precisa preencher certas qualificações, e se ainda assim não for eficiente ou fiel às suas promessas eleitorais, pode ser demitido e substituído a qualquer momento. (N. ed. bras.)

[51] Vide notas 47 e 55. (N. ed. bras.)

[52] Vide notas 21 e 61. (N. ed. bras.)

interesses pessoais e grupais. Se a Índia pode desenvolver uma forma de democracia na qual existe alguma chance para a necessária sabedoria chegar ao comando, ela estará desse modo servindo aos melhores interesses de seu próprio povo, bem como estabelecendo um exemplo que poderá auxiliar os povos e inspirar-lhes.

Um Sistema que Serviria para a Índia[53]

Algum tempo atrás Pandit Nehru, em um dos seus discursos, lançou algo vagamente a ideia de que algum dia, ao invés do presente modo de eleições para o Parlamento Indiano, algum sistema, menos direto e mais ajustado às condições na Índia poderia ser considerado. A sugestão não foi acolhida por ninguém naquela época. Desde então o Sr. Jai Prakash Narain, o bem conhecido líder popular associado ao Partido Socialista Indiano, propôs mais definidamente no lugar da presente forma de Democracia da Índia, um sistema de certa forma semelhante àquele proposto pela Dra. Annie Besant nos dias de sua agitação pela liberdade da Índia. Ela não pensava que a regra "um homem, um voto"[54] fosse boa para qualquer país e menos do que tudo ela o aprovaria para a Índia. Por essa razão, delineou em seu *Commonwealth of India Bill* (Projeto da Federação dos Estados Autônomos da Índia) um sistema[55] que teria ampla base em nível de vila (e cidade

---

[53] SRI RAM, *Op. Cit.* nota 48, pp. 86-88. *(The Theosophist,* dez. 1959)

[54] A divergência da Dra. Besant não se referia à proporção eleitoral, que deve ser rigorosa (vide nota 15), mas à questionável importância do voto direto e destituído de qualificações para qualquer nível, como veremos na nota a seguir. (N. ed. bras.)

[55] O sistema proposto pela Dra. Besant, que poderíamos pretender denominar de parlamentarismo microdistrital escalonado, poderia ser assim exemplificado: Imaginemos uma escada apoiada numa base correspondente aos eleitores, cujo primeiro degrau corresponderia ao Conselho

correspondente) com o direito de sufrágio adulto e uma muito ampla medida de autonomia, e então gradualmente afilando como uma pirâmide através dos níveis do Distrito e Estado(ou Província) para cima até o Governo Central. O direito de voto para os Conselhos nestes níveis mais elevados deveria basear-se em crescentes qualificações mais elevadas de serviço, experiência, educação etc. Se o seu esquema tivesse sido apoiado pelos outros líderes políticos da época, particularmente pelo partido do Congresso, teria sido admissível para o povo da Índia como um todo. O princípio de uma ra-

---

de vila, conhecido na Índia tradicionalmente como *Panchayat* (vide notas 18 e 61), ou microdistrito (correspondendo a um bairro ou mesmo uma quadra de uma grande cidade). Qualquer cidadão adulto poderia escolher, por voto direto e secreto, um conselheiro dentre os candidatos que deveriam preencher certas qualificações de instrução mínima etc. Suponhamos que cada microdistrito ou vila tivesse direito a eleger 1 conselheiro para cada 300 eleitores. Nesta rigorosa proporção constituir-se-ia um conselho do microdistrito ou vila com, suponhamos, 10 conselheiros, que governaria a sua respectiva vila ou parte da cidade com certa autonomia. O líder deste conselho seria semelhante a um vereador, escolhido pelos conselheiros e, portanto, por voto indireto. Todavia, por decisão da maioria (suponhamos de 2/3) dos cidadãos, num simples
abaixo-assinado, poderia-se a qualquer momento, demitir qualquer representante eleito e facilmente convocar novas eleições no microdistrito, porque por definição ele é pequeno, substituindo o(s) representante(s) demitido(s). Dessa forma a base poderia, a qualquer momento, forçar a demissão e substituição do próprio líder ou vereador do microdistrito, eleito indiretamente. O mesmo princípio é válido para todos os escalões superiores, sendo o prefeito da cidade eleito pela câmara de vereadores daquela cidade, sendo o governador do estado eleito pelo colegiado dos prefeitos daquele estado, e sendo o primeiro ministro eleito pelo colegiado dos governadores de estado daquele país, completando-se assim o último escalão. Eis um sistema parlamentar descentralizante onde surge a possibilidade de qualquer representante eleito ser demitido e substituído a qualquer momento, por uma maioria qualificada do respectivo escalão que o elegeu – que tremendo e extraordinário poder se confere assim ao voto do eleitor! (N. ed. bras.)

zoável qualificação para o voto e para membro dos Conselhos teria sido firmemente estabelecido. Mas suas súplicas foram em vão. O Sr. Gandhi posicionou-se em favor do sufrágio de massa, e isso decidiu a questão. O Sr. Jai Prakash Narain também conjeturou fazer uma base de vila forte e praticamente autossuficiente para constituir Conselhos de Vila, vila significando também uma cidade pequena, distrito ou circunscrição eleitoral, mas eleições indiretas destes Conselhos para Conselhos Distritais, e deste último para Legislaturas Provinciais ou Estaduais, e destes para o Parlamento de toda a Índia. O Sr. Jai Prakash Narain é ainda uma voz solitária no deserto das atuais condições políticas da Índia. A descrição delas como um deserto pode parecer um exagero, mas quando se olha para os vários interesses de grupos que são tão clamorosos e a variedade de opiniões sobre diferentes assuntos para os quais as declarações são feitas, não se pode senão sentir a verdade da descrição da Dra. Besant da democracia,[56] em sua forma atual, como um governo por meio da ignorância de múltiplas cabeças. A disruptividade de interesses locais e provinciais tomando muitas formas tais como divisões de casta, língua e assim por diante, sobre os quais Pandit Nehru disparou maciços dardos de denúncias de tempos em tempos, alarmou pelo menos uma pessoa importante, um ex-chefe de Justiça da Corte Federal da Índia, a ponto de instigá-lo a propor em um jornal indiano, que a Índia deveria descartar sua presente Constituição Federal e adotar uma forma completamente centralizada de Governo exceto para a autonomia limitada do Distrito. A proposta não parece ser feliz para um país como a Índia, onde a variedade de línguas, costumes e outras diferenças, sendo profundamente enraiza-

[56] Refere-se ao conceito de "democracia selvagem" que foi comentado no Prefácio (vide também notas 22, 24 e 50). (N. ed. bras.)

das, não podem ser tratadas como deveriam, a não ser por um sábia compreensão e distribuição de poder político. Este tem de ser distribuído entre tais pessoas – como descobri-las é a real questão – que dirigi-lo-ão com a necessária capacidade, experiência e compreensão. As qualificações para votar e ser membro dos Conselhos nos diferentes níveis deve ser de tal modo que facilite a entrada no poder daqueles que demonstraram sua capacidade de um modo ou de outro, e não meramente daqueles que prometem diversas coisas para agradar sentimentos de grupos.

É interessante verificar que uma comissão eleitoral estabelecida no Paquistão recentemente esboçou para aquele país um sistema que é algo parecido com o sugerido pelo Sr. Jai Prakash Narain, mas somente acrescentando um certo número de membros nomeados para o Conselho ou Legislatura para cada um dos níveis administrativos, presumivelmente para melhor representação e com vistas a incluir algumas pessoas proeminentes deixadas de fora pelo processo eleitoral. É de se esperar que as pessoas pensantes na Índia também vejam a importância de revisar, e mesmo remodelar, a presente Constituição à luz da experiência obtida durante os últimos dez anos e não aderir cegamente a um sistema que mal se ajusta às condições da Índia e somente permite a exploração de eleitores ignorantes pelos candidatos, cujas pretensões são baseadas somente no fato de que eles se posicionam a favor de diversos interesses que não coincidem com os verdadeiros interesses da Índia como um todo.

Falando não muito tempo atrás sobre o funcionamento da Democracia na Índia, o Sr. C. D. Deshmukh, que foi por algum tempo o Ministro de Finanças da Índia, após apontar os modos censuráveis pelos quais os eleitores estão sendo persuadidos e outros males do presente sistema, fizeram um forte apelo para os “verdadeiramente instruídos, esclarecidos e perspicazes a unir suas forças para garantir que o poder político seja dirigido não pelos pouco instruídos ou os interesseiros, mas pelos dedicados, cultos e intelectuais". Ele acrescentou: "São somente eles que estão habilitados para receber o sufrágio do povo." A proposta da Dra. Besant estava planejada para este fim, tanto quanto é possível para qualquer sistema político alcançar.

O Espírito de Gandhi [57]

Pandit Nehru fala frequentemente e expressa seus pontos de vista livremente e com agradável imparcialidade, inclusive a respeito de si mesmo. Numa recente entrevista com o Sr. Bruce Grant, o correspondente do Sudeste da Ásia do *Sydney Morning Herald*, a respeito das várias questões, tanto públicas quanto pessoais, ele foi questionado em que extensão o espírito de Gandhiji está presente na Índia, e particularmente até que ponto ele mesmo foi influenciado pelas ideias de Gandhiji. Sua resposta foi tanto ponderada quanto interessante.

Eu temo que haja uma grande diferença entre um santo e um líder político, um líder político precisa estar sempre preocupado com a resposta do público, ele não pode ir demasiado adiante de seu povo. Eu tentei seguir Gandhi de algumas maneiras e eu penso que posso verdadeiramente dizer que eu não odeio qualquer pessoa. Algumas vezes fico irritado, mas isto é apenas temperamento... O espírito de Gandhi não está morto na Índia, mas é difícil aplicá-lo na prática política. Gandhi acreditava que para o bem, para o que é bom em Teu oponente, era uma maneira de desarmá-lo.

A resposta de Pandit Nehru estabelece corretamente os fatos do caso. A Dra. Annie Besant, quando rompeu com

---

[57] SRI RAM, *Op. Cit.* Nota 48, pp. 89-90 *(The Theosophist,* mar. 1961). (N. ed. bras.)

Gandhi[58] em função do problema da desobediência civil e a transgressão de leis como um meio de estimular as massas do povo, repetidamente mostrou a diferença entre um santo e um líder político, o que Pandit Nehru mencionou; não que o líder

[58] Rompeu apenas quanto a questões de apoio político, por divergências no campo da prática política, mas não no nível pessoal, pois sempre permaneceram amigos, tendo o Sr. Gandhi sido membro da Sociedade Teosófica e muito influenciado pela Sr. Blavatsky e a própria Dra. Besant, conforme Cranston relata: "Em sua *Autobiografia,* Gandhi relata que 'no final do meu segundo ano na Inglaterra, encontrei dois teósofos, que eram irmãos... Eles me falaram sobre o *Gita* ... Convidaram-me para ler a versão original com eles. Senti-me envergonhado, pois não havia lido o poema divino nem em sânscrito nem em gujarate... Comecei a ler o *Gita* com eles'. O *Bhagavad-Gitā* tornou-se o livro mais importante da sua vida, influenciando todas as suas decisões na longa luta pela libertação da Índia do domínio britânico. Ele afirmou que sua filosofia de *Ahimsa* (inofensividade; não violência) tinha suas bases naquela escritura.

Gandhi relata que os dois teósofos que lhe mostraram o *Gita* também o levaram, em certa ocasião, à Loja Blavatsky e o apresentaram à Sra. Blavatsky e à Sra. Besant. Ele disse: 'Lembro que li, sob a [orientação] dos irmãos, o livro da Sra. Blavatsky *A Chave Para a Teosofia.* Esse livro estimulou em mim o desejo de ler livros sobre Hinduísmo e desfez a noção alimentada pelos missionários de que o Hinduísmo era cheio de superstições'.

Foi em novembro de 1889 que Gandhi conheceu HPB. Ele disse que não se associou à S.T. naquela ocasião porque 'com meu escasso conhecimento da minha própria religião não queria pertencer a qualquer instituição religiosa'. Entretanto, um ano e meio depois, no dia 26 de março de 1891, ele se tornou membro da Loja Blavatsky. Três meses depois, em 12 de junho, ele retornou à Índia. Quando Gandhi foi para a África do Sul, em 1893, entrou em contato mais estreito com os teósofos da S.T. de Johannesburg: 'Eu tinha discussões religiosas com eles todos os dias. Costumava-se ler livros teosóficos, e algumas vezes tive a oportunidade de falar em suas reuniões'. Em 1895, ele escreveu: 'Pretendo difundir tanto quanto possível as informações sobre teosofia'". (CRANSTON, Sylvia. *Helena Blavatsky – A Vida e a Influência Extraordinária da Fundadora do Movimento Teosófico Moderno.* Brasília, Ed. Teosófica, 1997, pp. 218-9). (N. ed. bras.)

político devesse condescender com métodos os quais o santo não aprovaria, mas o santo nem sempre compreende as limitações das pessoas comuns, como elas reagiriam sob certas circunstâncias particulares. À parte disso, como foi indicado por Pandit Nehru quando ele disse que não odiava ninguém, há princípios ou ensinamentos pelos quais mesmo um Governo ou Parlamento podem ser guiados.

Gandhiji pertenceu a um período diferente, e obviamente o Governo tem de lidar com uma situação diferente da que existiu em seu tempo. Se o Sr. Gandhi estivesse vivo e influenciasse o novo Governo, talvez não teria sido possível envolver-se, pelo menos de todo o coração, na política da industrialização, agora geralmente aceita como indispensável para a ampliação da economia da Índia.; nem pode dizer-se como ele teria visto o planejamento familiar, como agora é propagado sob os auspícios do Governo. Obviamente, com um crescimento da população ano após ano, ameaçando ultrapassar os esforços desesperados do Governo para aumentar a produção e criar emprego, não é possível aderir a ideias que, embora plausíveis em uma época em que as condições eram inteiramente diferentes, não podem ajustar-se ao contexto presente. Mas quando se fala sobre o espírito de Gandhiji, como fez o entrevistador, deve ser compreendido como se referindo a um certo modo de tratar com assuntos, princípios de conduta e ação válidos para todos os tempos. A questão que então surge, é quanto aqueles princípios são observados ou encontram expressão no pensamento e nas ações do Governo, bem como o povo no presente.

A Mudança nos Acontecimentos da Índia[59]

Com o passamento de Lal Bahadur Shastri, a Índia perdeu um Primeiro Ministro que, além de ter um relacionamen-

---

[59] SRI RAM, *Op. Cit.* nota 48, pp. 93-4. *(The Theosophist*, mar. 1966). (N. ed. bras.)

to amigável com todos, tinha uma maneira simples e realística de abordar os problemas, tanto internos quanto externos, e estava começando a afirmá-la, subordinando as ideologias e influências aos genuínos interesses do desenvolvimento e paz da Índia. Por uma estranha mudança nos acontecimentos, sua morte, completamente inesperada, veio exatamente após a realização do acordo de Tashkent com o Presidente Ayub Khan do Paquistão, que felizmente pôs um fim à guerra entre os dois países. Os jornais desde então têm estado cheios de manobras, confabulações e declarações de líderes de partidos, terminando na eleição da nova Primeira Ministra, Sra. Indira Gandhi.

É uma desafortunada característica do tipo de democracia que prevalece por todo o mundo atualmente – ou seja, onde a democracia existe – que a escolha daqueles que estão incumbidos dos destinos do país está limitada somente àquele grupo estreito que de um modo ou de outro manobrou para escalar as posições do partido, usando sua disciplina, slogans e estratégia. O partido – nos países totalitários o único partido, em outros o partido que no momento for o majoritário – governa o país, e uns poucos líderes ou chefes comandam o partido, usando seus recursos e, em virtude da posição do partido, os recursos do Estado também.

Podia se dizer isso pelas velhas autocracias, que o autocrata, exceto para o círculo imediato de sua corte e favoritos, sentia-se relacionado com o povo como um todo; eles eram todos *seu* povo. Mas os homens que manobram para se revestir da transitória autoridade destes dias através das posições no partido, não têm o mesmo sentimento de uma ampla identificação com o bem-estar do povo como um todo. O partido vem antes do povo.

A Dra. Annie Besant e o Sr. Gandhi, embora divergissem sobre assuntos de política prática, tinham muitas esperanças que a Índia sob *Swaraj* (seu próprio Governo) chamaria seus melhores e mais sábios filhos sem restrição de partido, para os assentos do Legislativo e do Governo. O Sr. Gandhi apelou para o partido do Congresso então e ainda no poder, para dissolver a si próprio, e dar lugar para um Governo Nacional, no mais amplo sentido. Mas sua voz não foi ouvida. Um partido, por mais louváveis que sejam os objetivos que professe, inevitavelmente se torna uma coalizão de interesses e portanto incapaz de extinguir a si próprio, mesmo que para o bem do corpo mais amplo, a Nação, à qual ele supostamente existe para servir. O objetivo de encontrar os melhores homens para assumir a responsabilidade deve primeiro ser aceito e considerado desejável antes que alguma maneira possa ser encontrada para implementá-lo.

Nossas democracias de hoje são amplamente sustentadas pelo espírito de luta pelo poder, se não também outras vantagens que vêm com o poder, e somente em teoria pela doutrina do mérito individual e igualdade de oportunidades e benefícios. Platão tentou resolver em linhas nítidas o problema de encontrar os melhores qualificados, com uma visão do tipo de desenvolvimento individual necessário para governar sabiamente, e a relação entre o indivíduo e o Estado. O que ele disse permanece até hoje como um estudo interessante. Mas a sua ideia principal até sobre ajustar funções com capacidades e qualificações é tão inquestionavelmente direita, justa e correta que não pode ser ignorada impunimente.

A Dra. Annie Besant tentou, quando defendeu a necessidade de qualificações, traduzir Platão em termos praticáveis tanto para o legislador quanto para o votante, de instrução e serviço ao Estado e à sociedade em uma forma ou outra, e experiência em administração e negócios. Mas seu conselho, também, não foi ouvido. Olhando para o que está acontecendo na esfera política, não somente na Índia mas também em outros países, particularmente aqueles que recentemente conquistaram sua independência, não se pode chegar a outra conclusão senão a de que enquanto a democracia como uma ideia que corporifica a oportunidade individual e o reconhecimento do mérito individual tem de ter seu lugar em nosso pensamento e ser expressa de alguma maneira na ordem social, não se pode dizer o mesmo sobre a democracia como um sistema de governo por partidos ou partido, um sistema ainda em processo de experimentação, com mais erro do que sabedoria ou correção caracterizando suas operações.

Plantando as Raízes da Democracia[60]

Embora nós todos sejamos a favor da democracia atualmente, nós nunca poderemos torná-la como ela deveria ser até que compreendamos o que é que dá validade à ideia, qual é a verdade sobre a qual ela deve basear-se, como distinguir de suposições que são muito questionáveis. Como é praticada atualmente, ela não pode ser chamada governo do povo em sentido estrito, quando tudo o que o povo pode fazer é lançar seus votos a cada período de quatro anos ou similar, para um ou outro dos candidatos estabelecidos por partidos rivais, e é um partido que realmente governa o Estado, o partido sendo dirigido por um pequeno grupo ou círculo de interesses que manobra para ter as rédeas em suas mãos. Enquanto o Governo representa o povo em sentido amplo, o controle que o povo é capaz de exercer sobre ele é tão pequeno e é exercido tão indiretamente, que chamá-lo de sistema de governo do povo é mais uma convenção de cortesia do que qualquer outra coisa. Profundamente fixada neste fato, a Dra. Annie Besant designou para a Índia anos antes de alcançar a Autonomia, um Projeto de Lei chamado *Commonwealth of India Bill, (Projeto da Federação dos Estados Autônomos da Índia),* que tinha dois aspectos importantes. Um era uma qualificação apropriada para

---

[60] SRI RAM, *Op. Cit.* nota 48, pp. 137-9. *(The Theosophist,* ago. 1960). (N. ed. bras.)

votar nas eleições e para membros dos Conselhos. Isto significou na Índia qualificações para cada um dos seus cinco primeiros níveis, – a Legislatura Central, a Legislatura do Estado, o Conselho do Distrito, o Conselho de Taluk (um subdistrito do corpo regional) e por último, na base da pirâmide, o Conselho de Vila. O outro aspecto era a maior descentralização possível de funções, de modo que a responsabilidade para com o povo de parte da autoridade executiva em cada nível pudesse ser cumprida tão direta e imediatamente quanto possível. O Projeto de Lei da Dra. Annie Besant não foi tomado seriamente pelos líderes políticos daquela época, uma vez que eles não acreditavam que a Liberdade pudesse ser conquistada por tais meios constitucionais. Quando a Constituição Indiana foi delineada, pela Assembleia Constituinte Indiana para a qual o Parlamento Britânico transferiu seus poderes em 1947, a Assembleia escolheu imediatamente o sufrágio adulto, porque o sufrágio adulto já tinha sido aceito como um ponto de plataforma política pelo partido do Congresso como um apoio sob a liderança de Gandhi. A Constituição estabeleceu para a Índia um tipo Federativo de Governo, mas é o Governo Central que domina completamente a administração.

Há um movimento na Índia apoiado pelo Sr. Jai Prakash Narain, que tem como seu objetivo a edificação de um governo popular a partir da base, que também era a ideia da Dra. Besant. Mas o movimento tem somente uns poucos seguidores, aqui e ali, e não fez muito progresso contra a dominância do partido do Congresso e seu apoio pelo povo. Entretanto, em um dos Estados nos quais a Índia está agora dividida, Andhra Pradesh, a ideia do povo fazer as coisas para si mesmo tornou-se suficientemente popular e para o Governo do Estado introduzir uma legislação reorganizando os três corpos locais no nível da base, assim como para torná-las importantes e autônomas em sua esfera. O primeiro Ministro do Estado, Sanjiviah, descreveu o esquema no *The Hindu* como um esquema de "descentralização democrática". Pensa-se que quando as atividades pertencentes à prosperidade e ao desenvolvimento rural, incluindo educação elementar e artesanato são delegadas aos Conselhos regionais e de Vila eleitos pelo povo[61], juntamente com suficientes poderes e finan-

---

[61] A importância dos microdistritos e seus respectivos Conselhos de Vila ou *panchayats* (Vide nota 18) era muito enfatizada pela Dra. Besant (vide nota 21). Mesmo numa cidade, os conselhos de microdistritos (abrangendo, por exemplo, um bairro, ou até mesmo uma quadra de uma grande cidade) auxiliam imensamente a descentralização da administração, porque todas as áreas da cidade estarão naturalmente atendidas por representantes responsáveis que ali residem, e assim conhecem e se interessam diretamente pelos problemas locais. Os microdistritos possibilitam uma descentralização do poder sem a perda de vínculo com o governo central, porque a pirâmide administrativa a partir deste escalão é eleita pelos próprios conselheiros, que assim escolhem, entre si, seus próprios líderes (vide nota 55), evitando assim aqueles problemas típicos do Presidencialismo, no qual às vezes o Presidente não tem maioria de apoio na Câmara ou no Senado, etc. Para exemplificar, usaremos por analogia, uma estrutura menor e, portanto, mais fácil de compreender. O Estatuto da Sociedade Teosófica no Brasil, conforme citamos no Prefácio, foi inspirado neste sistema proposto pela Dra. Besant. Nesta Sociedade, os membros geralmente filiam-se a Lojas que em cada cidade constituem o grupo menor e autônomo. Cada 7 membros de Loja elege 1 conselheiro regional. Constituem-se assim os 5 conselhos regionais geograficamente equilibrados dentro da mais rigorosa proporcionalidade (vide nota 15). Cada 4 conselheiros regionais elegem 1 conselheiro nacional. O conselho nacional assim constituído elege o secretário-geral, que corresponde ao primeiro ministro. Assim todos os níveis ficam interligados por laços de liderança e confiança recíprocos, constituindo microdistritos escalonados em que todos se conhecem pelo convívio, podendo demitir e/ou substituir a qualquer momento seus representantes, por uma maioria de 2/3 do colegiado que os elegeu. As qualificações são simples: 2 anos de filiação para votar e ser votado para conselheiro regional, 5 anos para candidatar-se a conselhei-

ças, haverá uma maior identificação do povo com os esquemas postos em vigor e mais cooperação da parte deles em executar os planos de cinco anos. O Sr. Sanjiviah pensa que já há "uma tremenda resposta" para os novos Decretos "das massas rurais" e considera as mudanças sendo realizadas como anunciando "uma nova era" para elas. Se o esquema de Andhra Pradesh for executado como deveria ser, é muito provável que o povo de outros Estados da Índia queira seguir o exemplo. A Dra. Besant tinha a esperança de que a Índia daria um exemplo para outros países onde houvesse condições similares, estabelecendo dentro de suas próprias fronteiras um sistema que tivesse o conteúdo da democracia tanto quanto a forma e o nome.

---

ro nacional, 7 anos para secretário-geral e 15 anos para votar em questões patrimoniais. Tal estrutura oferece ampla autonomia aos microdistritos, sendo assim descentralizante, mas preserva simultaneamente a coesão do poder central. Aplicando-se tal analogia a um país notar-se-á que desaparecem praticamente os custos enormes da propaganda eleitoral e das campanhas através dos meios de telecomunicações, pois nos microdistritos o contato pessoal é direto, uma vez que ali todos se conhecem. Diminui assim a necessidade e importância dos partidos políticos, e isto por si mesmo é uma bênção, pois como afirma o Sr. N. Sri Ram: "... os homens que manobram para se revestir da transitória autoridade destes dias através das posições no partido, não têm o mesmo sentimento de uma ampla identificação com o bem-estar do povo como um todo. O partido vem antes do povo" (p. 141). (N. ed. bras.)

Informações sobre Teosofia e o Caminho Espiritual podem ser obtidas na Sociedade Teosófica no Brasil no seguinte endereço: SGAS, Quadra 603, Conj. E, s/nº, L2 Sul, Brasília-DF - 70200-630. Fone (61) 3226-0662. Também podem ser feitos contatos pelo e-mail secretaria@sociedadeteosofica.org.br ou no site www.sociedadeteosofica.org.br.

gráfika®
papel&cores

(61) 3344-3101
papelecores@gmail.com